EDITORA DO CONHECIMENTO

Auxiliando a humanidade a encontrar a Verdade

Cartas Ódico-magnéticas

Cartas Ódico-magnéticas

DO CAVALEIRO DE REICHENBACH

Lettres Odiques-magnétiques
du Chevalier de Reichenbach

CONHECIMENTO EDITORIAL LTDA.
Rua Prof. Paulo Chaves, 276 – Vila Teixeira Marques
CEP 13480-970 — Limeira — SP
Fone: 19 3451-5440
www.edconhecimento.com.br
vendas@edconhecimento.com.br

Tradução: Luiz Gustavo Oliveira dos Santos
Projeto gráfico: Sérgio Carvalho
Ilustração da capa: Banco de imagens

ISBN 978-65-5727-117-9
2ª Edição – 2021

• Impresso no Brasil • Presita en Brazilo

Produzido no departamento gráfico da
Conhecimento Editorial Ltda
grafica@edconhecimento.com.br

Dados Internacionais de Catalogação na Publicação (CIP)
Angélica Ilacqua CRB-8/7057

Reichenbach, Karl Ludwig Friedrich, 1788-1869
Cartas Ódico-Magnéticas do Cavaleiro de Reichenbach / Karl Ludwig Friedrich Reichenbach — tradução de Luiz Gustavo Oliveira dos Santos – Limeira, SP : 2ª ed. Editora do Conhecimento, 2021.
140 p. (Magnetismo, a força da vida / Catálogo Racional)

ISBN 978-65-5727-117-9
Título original: *Lettres Odiques-magnétiques du Chevalier de Reichenbach*

1. Magnetismo 2. Magnetismo animal 3. Biomagnetismo I. Título II Santos, Luiz Gustavo Oliveira dos

18-1269 CDD – 133.9

Índices para catálogo sistemático:
1. Magnetismo

Série
Catálogo Racional
EDITORA DO CONHECIMENTO

Série

MAGNETISMO

A FORÇA DA VIDA

Série Catálogo Racional

As Cartas Ódicas
Dogmas da Igreja do Cristo
A Razão do Espiritismo
Cartas Ódico-magnéticas

Série Magnetismo a Força da Vida

O Magnetismo em Oposição à Medicina
A Arte de Magnetizar
Tratado Completo de Magnetismo Animal
Os Eflúvios Ódicos

Cavaleiro de Reichenbach

Cartas Ódico-magnéticas

Tradução
LUIZ GUSTAVO OLIVEIRA DOS SANTOS

2ª edição – 2021

EDITORA DO CONHECIMENTO

LETTRES
ODIQUES-MAGNÉTIQUES

DU

CHEVALIER DE REICHENBACH,

Traduites de l'allemand,

Publiées par L.-A. CAHAGNET, Auteur des *Arcanes de la vie future dévoilés*, etc., etc.

PRIX 1 FRANC 50 CENT.

PARIS.

Chez M. CAHAGNET,
23, rue de la Fidélité, faubourg Saint-Denis.
Et chez M. GERMER-BAILLIÈRE,
libraire, 17, rue de l'École-de-Médecine.

—

1853.

CARTAS

ÓDICO-MAGNÉTICAS

DO

CAVALEIRO DE REICHENBACH,

Traduzidas do alemão.

Publicadas por L. A. CAHAGNET, Autor dos *Arcanos da vida futura desvelados* etc.

PREÇO 1 FRANCO 50 CENT.

PARIS.

Casa Sr. CAHAGNET,
23, Rua de la Fidelité, bairro Saint-Denis
E Casa Sr. GERMER-BAILLIÈRE,
Livreiro, 17, Rua da Escola de Medicina.

—

1853

Sumário

Sobre esta tradução

A presente tradução em português das *Cartas Ódico-magnéticas* de Reichenbach tomou por base a versão francesa da Casa de Imprensa Cahagnet, de 1853. Conforme indicado na Introdução, esta versão segue com literalidade o texto em alemão de Reichenbach, de 1852. Ela foi atestada pelo eminente magnetista L. Alphonse Cahagnet, que faz seus comentários na parte final da obra, e pelo próprio Allan Kardec, que era exímio conhecedor do alemão.[1] Esta edição francesa é a que foi incluída por Allan Kardec em seu *Catálogo Racional de Obras para se Fundar uma Biblioteca Espírita*, em abril de 1869, entre as obras sobre *Magnetismo* que devem edificar os estudos espíritas, sobre a qual ele fez um breve comentário, incluído mais abaixo.

Dada a tecnicidade da obra, e para obter o resultado mais aperfeiçoado possível, cotejei esta tradução com a versão em espanhol, publicada na revista espírita argentina *Constancia*, de 1877 a 1879, baseada na francesa, e também, para dirimir dificuldades observadas em certos termos químicos, com a edição original alemã (Stuttgart-Tübingen: J. G. Cotta'scher Verlag, 1852).[2] As variações de tradução de alguns termos químicos obsoletos foram devidamente indicadas em notas

[1] Allan Kardec, ainda H. Rivail, em 1830, fez a tradução do francês para o alemão dos três primeiros livros da obra-prima *Telêmaco*, de Fénelon.

[2] Todas estas edições – em francês, alemão e espanhol, – estão digitalizadas (escaneadas) e disponíveis publicamente nos endereços eletrônicos da *Google-Books* e da *Gallica-BnF*.

de rodapé e comparadas entre as três versões. Na medida do possível, acrescentamos ainda, em notas, as nomenclaturas modernas dos termos químicos desusados.

Como em todas as traduções que realizo, mantive o respeito à literalidade do texto, a qual foi, ademais, solicitada pelos editores franceses. Incluí todos os comentários do renomado autor magnetista e sensitivo L. A. Cahagnet no final da obra, os quais certamente auxiliam a aprofundar o enorme alcance das pesquisas e conclusões de Reichenbach nos campos científico e filosófico.

O tradutor: Luiz Gustavo Oliveira dos Santos.

Brasília-DF, 5 de julho de 2018.

Indicação da obra por Allan Kardec

Catálogo racional de obras que podem servir para fundar uma biblioteca espírita

III. – Obras feitas fora do Espiritismo.

Magnetismo

Reichenbach (O cavaleiro de). *Cartas ódico-magnéticas*, traduzidas do alemão. – Broch. in-18, 1 fr. 50 c.; franco, 1 fr. 75 c.

Curiosas experiências sobre o fluido ódico, descoberto pelo autor, e que parecem dever lançar uma nova luz sobre a questão dos fluidos, se elas se confirmam. Pelos conhecimentos que possuem, os espíritas estão particularmente em posição de controlar esta teoria.

ALLAN KARDEC.

Carl L. F. von Reichenbach
(1788-1869)

Introdução

De acordo com a carta que segue, fizemo-nos um dever de entregar à publicidade as cartas *Ódico-magnéticas* de Sr. Reichenbach, pensando que o prazer que experimentamos em sua leitura seria partilhado pelos estudantes *magnetistas* e *metafísicos*, a qualquer escola que pertençam. As observações e demonstrações deste cientista são demasiado novas e demasiado indispensáveis a todo homem estudioso para que as possa ignorar. O muito bom amigo que nos agraciou com esta tradução deseja que seu nome não seja conhecido; lastimamos não podermos fazer conhecê-lo mais claramente do mundo *magnético* e *científico de toda classe* que ele serve assim na obscuridade há uma quarentena de anos: damo-lo como exemplo a seguir àqueles que desejam possuir a verdadeira luz, não para mostrá-la extinta sobre os palcos onde eles se entronizam ridiculamente. O verdadeiro saber é a comunhão do saber, é fazer avançar os outros em se mantendo atrás deles e não à sua frente. Eis o papel que nosso amigo desejou realizar. Que Deus o recompense por isto, e que aqueles que ele obsequia assim o recompensem por uma lembrança de reconhecimento.

Pedimos aos nossos leitores respeitarem a literalidade desta tradução, como o fez nosso amigo. Não é sempre a frase depurada que contém mais coisas. Ademais, sabe-se que a língua alemã oferece muito grandes dificuldades para ser traduzida.

[Carta do tradutor francês]

Meu caro amigo,

Endereçando-te a tradução das cartas ódico-magnéticas de Sr. cavaleiro de Reichenbach, acredito te fazer desfrutar de uma obra preciosa para a ciência e te iniciar num detalhe de fatos dos quais tu já pressentiste o resultado unitário (de que tudo é luz), mas do qual nem tu, nem ninguém até então pôde se proporcionar a prova material.

Sr. de Reichenbach é um físico distinto, em relação aos cientistas renomados da Alemanha, da Inglaterra, e mesmo da nossa França. O doutor Ennemoser, sábio médico, e de uma grande erudição, ademais, magnetizador profundamente versado na ciência, riquíssimo em produções literárias sobre o magnetismo, cita frequentemente, em sua *Prática Mesmeriana* (1852), a dinâmica em suas relações com a força vital de Sr. de Reichenbach (1849).

Foi necessária a intuição, o saber, a fortuna, a paciência, a liberdade de ação e o espírito desprendido do autor para chegar a fazer uma análise tão aprofundada de todas as unidades de forças do organismo vital, procedendo pelas induções. E se a maior parte dos homens esclarecidos acreditou em uma força universal, nenhum soube defini-la nem dela dar a razão.

Sr. de Reichenbach é o primeiro e o único que, por suas belas e múltiplas experiências, despojou as unidades de forças dos falsos atributos que se lhes tinham emprestado.

Ele é o único que trouxe à tona que todos os corpos orgânicos vivos são luminosos e coloridos. Só ele provou que há uma força universal que penetra tudo no universo; estava, portanto, no direito de pesquisar e de lhe aplicar um nome que dela fosse o verdadeiro sinal vocal.

E ele felizmente o encontrou no sânscrito, uma das línguas mais antigas da Terra, e em seus derivados. OD significa, pois, a força universal que penetra e jorra rapidamente em tudo, em toda a natureza, com uma força incessante. Doravante, não se confundirá mais esta força com tal outra; e, graças às cartas ódicas, cada um aí encontrará a maneira de verificar esta bela descoberta, ao mesmo tempo em que alargará seus conhecimentos.

Recebe, meu caro amigo, minhas amistosas saudações.

X.

Cartas Ódico-magnéticas do Cavaleiro de Reichenbach 1852

1ª carta

Os sensitivos

Não encontraste alguma vez, no curso de tua vida, um certo número de homens que tinham a singular particularidade de ter uma antipatia contra tudo o que é amarelo? Um limão, o ouro reluzente e uma bela laranja oferecem, entretanto, um belo aspecto. O que aí se pode encontrar de repulsivo? Pergunta a essas pessoas qual é a cor que lhes é agradável, elas te responderão de comum acordo; é a azul. O azul da profundeza dos céus é de um aspecto benfazejo; mas se, ao entardecer, esse azul é como emoldurado de ouro, o belo se associa ao mais belo – o magnífico aparece. Se me deixassem a escolha de morar em um apartamento forrado ou pintado de amarelo ou em um de cor azul-clara, é provável que eu desse a preferência ao amarelo; todos os adversários do amarelo aos quais eu sustentava esta linguagem zombavam de mim e tinham piedade de meu gosto. Eu retorno a questão e desejaria saber de ti, se encontraste alguma vez um homem que te disse que detestava o azul? Decerto, jamais; nem um só teve horror ao azul. De onde vem então que certos homens estão de acordo para desafetar o amarelo e preferir o azul? Sabemos, pelo estudo das cores, que o amarelo e o azul se encontram em certas correlações; são cores complementares que formam uma espécie de antítese polar. Haveria, por acaso, alguma outra coisa que nos estivesse escondida, por fora da simples atividade de ótica sobre nossa visão?

Seria uma diferença desconhecida mais profunda que a simples diferença ótica das diferentes cores que nós todos conhecemos? E haveria também, para as percepções de uma semelhante diferença, uma diferença entre os homens, de forma que uns estariam em condições de perceber o que os outros não poderiam reconhecer? E haveria homens que são dotados, por assim dizer, de duplos sentidos? Seria uma assaz singular coisa; tentemos segui-la de mais perto.

Uma menina lança de bom grado um olhar sobre o espelho. Não faltam homens que veem igualmente com um certo prazer se reproduzirem os traços de seus rostos. Mas seria possível que houvesse meninas, mulheres e homens, a quem o espelho repugna, que dele se afastam e não podem suportar o reflexo de sua própria imagem? Em verdade, existem esses seres. Há homens, e não são raros, a quem o espelho imprime um sentimento de inquietude, como se um sopro *tépido, desagradável*, viesse a eles e fosse a causa de não poderem persistir um minuto diante de uma vidraça. O espelho não lhes reenvia somente sua imagem, mas lhes projeta ainda uma indizível e dolorosa impressão: a uns mais fortemente, a outros mais fracamente; a outros tão pouco sensivelmente, que a repulsão é *incerta*.

De onde vem, e o que é isso? Por que somente certas pessoas sentem essa contrariedade, e não todas?

Tu viajaste muito, e é impossível que nos transportes públicos, ônibus, ou trens, não tenhas encontrado homens que queriam com força e constância que se mantivessem os vidros dos veículos abertos: quer houvesse vento ou frio em alto grau, e sem consideração pelos companheiros de viagem afligidos de resfriado, reumatismos etc.; esses homens eram insuportáveis, segundo tu? Chamas isto uma falta de educação; mas retém um pouco teu julgamento, peço-te, ao menos enquanto muitas de minhas cartas passarem diante de teus olhos; talvez obtenhas então a convicção de que, no recinto de uma sociedade muito compacta, passam-se ainda coisas desconhecidas bastante fortes para que se tornem insuportáveis a uns, ao passo que outros não têm disso nenhuma percepção.

Não conhecerias entre teus amigos um caprichoso que, à mesa, no teatro, em sociedade, na igreja, não quer se assentar nas fileiras entre os outros, e que tem constantemente a pretensão de ocupar um lugar do canto? Observa esse ser! É nosso homem: faremos logo conhecimento mais íntimo com ele.

Sem dúvida, já observaste mulheres saudáveis, e que se

encontram mal até cair em síncope em uma igreja?

Muitas pessoas não podem adormecer deitadas sobre o lado esquerdo, e adormecem logo que se deitaram sobre o lado direito. A outras, é indiferente deitar sobre um ou outro lado para bem dormir. Há homens que não podem comer sem o maior desgosto com colheres de metal de *paktong*, de alpaca da China, enquanto que outros não prestam a isso nenhuma atenção. Muitos têm uma repulsão contra os pratos quentes ou demasiado cozidos, contra a gordura, contra os doces: preferem os pratos simples fracamente acidulados. Um bom número tem predileção pela salada, e eles dizem que dariam de boa vontade todos os outros pratos pela salada. Outros não podem conceber esta extravagante e anormal fantasia. Há os que não suportam que alguém se coloque muito perto atrás deles; estes fogem das massas, das reuniões de homens e dos mercados.

Muitos se acham contrariados quando se lhes apresenta a mão; não suportam que se retenha sua mão durante um pouco de tempo; soltam-se, e se vão. Quantos há que não podem suportar o calor de um fogão de ferro, mas muito bem o de um forno de barro. Há certos desses fatos singulares que não se pode atribuir nem à imaginação nem à educação, nem ao hábito. Essas aparições não estão jamais isoladas, mas, ao contrário, associadas umas às outras. O inimigo do amarelo teme o espelho. Aquele que quer se assentar num canto quer que os vidros do carro estejam abertos. O dormidor à direita se encontra mal na igreja. Aqueles que temem comer com os metais citados preferem os pratos frios simples, rejeitando os doces e a gordura, e são amantes da salada. Isso continua nos mesmos seres, em uma cadeia ininterrupta, da antipatia contra o amarelo até aquela contra o açúcar; do amor pelo azul até o desejo ávido pela salada. Há solidariedade dessas singulares particularidades em seus possuidores. A experiência prova que quem conhece uns conhece os outros.

Resulta claramente disto que elas estão entre si em uma relação evidente, que sua ligação sai de uma fonte comum desconhecida.

Mas se essa fonte está em alguns homens e não nos outros, está claro que, deste ponto de vista, há efetivamente dois tipos de homens; os comuns, que não possuem nenhuma dessas irritabilidades, e em particular os irritáveis que, pelo mínimo motivo, são excitados no sentido sobredito. Podem-se chamar estes últimos SENSITIVOS, pois eles são frequentemente mais irritáveis que a planta de nome sensitiva (*Mimosa pudica*); eles o são por sua natureza, que não podem abdicar ou vencer à vontade. Seu número não é pequeno; veremos em breve qual profundidade estas coisas atingem na sociedade humana, das quais eu não quis te dar aqui senão um tom superficial.

2ª CARTA.

O od, os cristais e a câmara escura.

De acordo com as indicações eu que te dei, foste, sem dúvida, bem sucedido em encontrar entre teus conhecidos alguém que faz parte daqueles que denomino sensitivos. Não é muito difícil encontrá-los: por toda parte eles são numerosos; e se não puderes te proporcionar alguns que estejam em boa saúde, informa-te daqueles que têm o sono penoso, que atiram seu cobertor, falam durante o sonho e mesmo se levantam, sofrem de curtas enxaquecas e frequentemente de males de estômago que passam rapidamente, que se queixam de dissonância nervosa, não gostam da grande sociedade, limitam-se de preferência a alguns amigos ou procuram a solidão. Com uma rara exceção, todas essas pessoas são mais ou menos de um natural sensitivo. Mas tudo isto é apenas o lado trivial da questão sobre a qual tu me consultas; do ponto de vista da pedra de toque científica, aparecem coisas de uma toda outra importância. Proporciona-te um cristal de rocha natural tão grande quanto possível, um espato gípseo, por exemplo, de cerca de dois palmos de comprimento, ou um espato-pesado[3], ou um cristal de rocha do monte Gotardo, de um pé de comprimento; põe-no horizontalmente sobre o canto de uma mesa ou de uma cadeira, de forma que as duas extremidades o ultrapassem livremente. Coloca então uma pessoa sensitiva diante do cristal, convidando-a a aproximar a palma da mão esquerda das extremidades do dito cristal, a três, quatro ou seis polegadas de distância; não se passará meio minuto sem que o sensitivo te diga que, da extremidade da ponta superior do cristal, vem-lhe um sopro fino e fresco contra a mão, e que, pelo fundo sobre o qual o cristal tomou crescimento, vem-lhe alguma coisa de tépido à mão. Ela achará o sopro fresco agradável e refrescante, e o tépido, desagradável e acompanhado de uma sensação contrariante e quase repugnante, que, se durasse um pouco, apoderar-se-ia de todo o braço em lhe imprimindo como uma fadiga. Quando eu fiz esta observação pela primeira vez, ela era tão nova quanto enigmática; ninguém quis nela acreditar. Enquanto isso, eu a repeti em Viena com centenas de sensitivos; ela se encontrou averiguada na Inglaterra, na Escócia, na França, e cada um pode dela fazer a prova, pois há sensitivos por toda parte. Mantém tua mão esquerda na proximidade de outros pontos do cristal, por exemplo, contra suas arestas laterais, tu sentirás, igualmente, ora alguma coisa de tépido, ora uma percepção de frescor, mas

[3] No francês: *tungstire*; no espanhol: *tungstiro*. No original alemão, consta *Schwerspath*: "espato-pesado", atualmente chamado também de barita. Os termos químicos que surgirem posteriormente, desusados ou de tradução controversa, virão com as respectivas notas em francês, espanhol e alemão. (Nota do tradutor; a partir de agora: N. T.)

por toda parte, por comparação, mais fraca que nas duas extremidades que estão em oposição polar. Como as sensações opostas são excitadas sem que se toquem os cristais, estando à distância de várias polegadas, torna-se evidente que sai alguma coisa dessas assim chamadas pedras semi-organizadas, que delas dimana e irradia, o que a Física não conhece ainda e que anuncia sua existência por impressões materiais, embora nós não tenhamos a faculdade de vê-la. Mas, como os sensitivos, por sua impressionabilidade, são notavelmente mais aptos a perceber do que outros homens, a ideia me veio de saber se eles não poderiam nos ultrapassar ainda sob certos aspectos pelo sentido visual, se não estariam em condições de perceber alguma coisa dessas emanações dos cristais em uma profunda obscuridade.

Para disso ter a prova, eu levei, em uma sombria noite (maio de 1844), um grande e poderoso cristal de rocha à casa de uma senhorita, Angélica Sturmann, sensitiva em um alto grau. O acaso quis que seu médico, o professor Lippich, de muito renome entre os patologistas, estivesse presente. Nós estabelecemos uma obscuridade perfeita em duas câmaras, em uma das quais eu pus o cristal. Não se passou senão um pouco de tempo antes que ela me designasse o lugar onde eu o tinha depositado. Ela me disse que todo o corpo do cristal estava penetrado de fora a fora por uma fina luz, e que acima da ponta se elevava uma chama azul da grandeza de uma mão, tendo um movimento onduloso e constante, por vezes cintilante, em forma de tulipa e se perdendo pelo alto em fino vapor. Quando eu girei o cristal, ela viu se elevar do lado obtuso uma fumaça úmida, vermelha, amarela. Podes imaginar o prazer que esta declaração me deu. Esta foi minha primeira observação. Entre milhares de outras que se sucederam depois sobre os cristais com inumeráveis variações, e pelas quais, por uma quantidade de sensitivos, ficou bem estabelecido o fato de que as percepções sensíveis, que chegam pelos cristais, são acompanhadas de aparições luminosas que se seguem pouco a pouco, sendo azuis, vermelhas a amarelas, que as cores são polarmente opostas uma à outra, e não podem ser percebidas senão por pessoas sensitivas. Se quiseres repetir esses ensaios, é preciso que eu te diga que não poderás ter resultados favoráveis senão na obscuridade absoluta. A luz do cristal é tão fina e geralmente tão fraca, que, se se percebesse um indício de uma outra luz na câmara escura, isso bastaria para ofuscar o observador, isto é, para amortecer momentaneamente sua aptidão sensitiva para perceber uma tão fraca luz. Ademais, poucas pessoas são tão fortemente sensitivas como a senhorita citada. Entre sensitivos médios, é preciso, na maior parte das vezes, uma permanência de uma a duas horas na obscuridade, até que seu olho seja liberto suficientemente da superexcitação da luz do dia ou da lâmpada, e que ele seja assaz preparado para reconhecer a luz do cristal. Sim! Aconteceu-me, em muitos casos, que sensitivos fracos não tinham ainda nada percebido na terceira hora, e que, entretanto, na quarta, chegaram a muito bem ver luzirem os cristais e a se convencer da realidade de sua projeção luminosa. Desde então, estarás impaciente para aprender qual significação dar a isso, e onde encaixar essas aparições em Física e em Fisiologia. De acordo com sua consistência subjetiva e objetiva, elas não são do calor (calórico), malgrado tenham feito surgir sensações que se assemelham ao tépido e ao fresco; pois aqui não se pode imaginar uma fonte de calórico, e, se houvesse uma, não somente os sensitivos a sentiriam, como também os não sensitivos, e melhor ainda um fino termoscópio. Elas não são da eletricidade, pois a excitação falta para o eflúvio eterno que mana aqui. O eletroscópio não é afetado, e uma derivação segundo as leis elétricas é sem ação. Esse não pode ser nem magnetismo nem diamagnetismo, uma vez que os cristais não são magnéticos, e que o diamagnetismo não age no mesmo sentido em todos os cristais, mas muito diferentemente e em sentido oposto; o que não tem lugar aqui de nenhuma forma. Isso não pode ser da luz ordinária; pois, ainda que esta luz aparecesse aqui, esta luz não produz em nenhuma parte sensações tépidas e frescas. Em suma, o que são as aparições descritas? Se desejas sabê-lo absolutamente, forças-me a admitir que eu mesmo não o sei. Tenho diante de mim as manifestações de um dinâmide que me é impossível de registrar entre os que são conhecidos. Se não faço erro em meu julgamento sobre os fatos adquiridos, isso ficará no meio entre o magnetismo, a eletricidade e o calórico; mas isso não pode ser identificado com nenhum dos três, e nesta perplexidade, eu o tenho, enquanto isso, designado (nomeado) Od, do qual te darei a etimologia de uma outra vez.

3ª CARTA.

O sol, a lua e o íris.

Tu conheces os sensitivos assim como o elemento no qual eles se mostram, isto é, o dinâmide ao qual dei o nome de OD; mas por aí não tocamos ainda senão um canto da bordadura da grande vestimenta na qual toda a natureza está envolvida com ele. Essa maravilhosa força não dimana unicamente dos pólos dos cristais, ela jorra ainda de uma quantidade de outras fontes do universo com uma força igual, se não superior. Ao primeiro contato, quero te conduzir diante dos astros, a começar pelo sol. Coloca uma pessoa sensitiva à sombra, põe em sua mão esquerda um tubo vazio de um barômetro ou um outro tubo de vidro, ou mesmo um bastão; faze-lhe colocar esse tubo nos raios do sol, enquanto que a pessoa e a mão permanecem à sombra. Logo aprenderás alguma coisa dessa simples experiência que te espantará. Esperarás talvez que a pessoa que fará esse ensaio sentirá o calor? Ela te dirá justo o contrário. A mão sensitiva perceberá impressões diversas, mas o resultado será o frescor. Colocará ela o tubo à sombra, o frescor desaparecerá, e ela sentirá que o tubo se torna quente. Ela o recolocará outra vez na luz do sol, sentirá ainda voltar o fresco; ela poderá, assim, controlar alternativamente a exatidão de sua própria sensação. Existem, portanto, circunstâncias muito simples que não foram observadas até aqui, nas quais o raio solar imediato não somente dá calor, mas mesmo frio, da forma mais inesperada e mais singular. Os sensitivos te dirão que esse frescor é análogo, em sua maneira de agir, àquele que a ponta do cristal de rocha possuía. Se, portanto, esse frescor é da natureza do OD, é preciso necessariamente que, de uma forma ou de outra, ele se deixe exprimir como aparição luminosa na obscuridade; e isso te será bem sucedido se quiseres repetir o ensaio que segue. Eu conduzi, de uma câmara aclarada, um fio de cobre para as trevas da câmara escura; depois, eu pus a extrema ponta desse fio nos raios solares. Nem bem o pus assim, a parte do fio que estava na câmara começou a se tornar luminosa, e em sua extremidade se elevou uma espécie de pequena chama da grandeza de um dedo. Assim, o raio solar verteu o OD no fio de cobre, que os sensitivos viram dimanar na obscuridade sob forma de luz. Vai um pouco mais adiante; faze cair o raio solar sobre um bom vidro prismático e lança as cores do íris contra a parede mais próxima; faze provar essas cores, uma após a outra, por uma pessoa sensitiva que tem o tubo de vidro na mão esquerda. Se ela o segura de forma a recolher no ar apenas a cor azul e a violeta, a sensação será excitada pelo frescor de uma maneira muito agradável e mais frescamente do que o foi pelo raio solar em sua integridade.

Se, ao contrário, ela leva o tubo para o amarelo e, melhor ainda, para o raio vermelho, então desaparecerá de repente o benfazejo frescor, para dar lugar ao calor; uma tepidez e um mal-estar pesarão logo todo o braço. Em vez do tubo, podes também fazer mergulhar um dedo nu da sensitiva nas cores, o resultado será o mesmo. Dei a preferência ao tubo para excluir a cooperação dos verdadeiros raios do calórico sobre a mão por um mau condutor do calórico. Os produtos decompostos da luz do sol foram exatamente similares àqueles dos pólos dos cristais. Ressalta daí que o OD, em suas duas maneiras de agir, está contido nos raios solares; ele eflui, a cada momento, em uma quantidade incomensurável de nosso astro do dia com a luz e com o calórico, e forma um novo e poderoso agente nele, do qual nós não podemos ainda entrever o alcance. Permite-me agora lançar um olhar retrospectivo sobre os inimigos do amarelo e os amigos do azul de que tratei em minha primeira carta. Não vimos que o pólo do cristal que exalou um frescor agradável deu uma luz azul, e não encontras aqui, por uma toda outra via, que a luz solar, por seu raio azul, dá um frescor agradável, em sentido inverso à luz vermelha e amarela do outro pólo do cristal? Da mesma forma, o raio amarelo e vermelho não excitou dolorosas sensações por um sopro tépido e contrário aos sensitivos? Vês que nos dois casos, tão infinitamente distintos um do outro, o azul é sempre acompanhado por sensações agradáveis, e o vermelho-amarelo, por sensações contrárias. Portanto, obténs um primeiro indício que te tornará atento contra um pronto julgamento sobre os assim chamados caprichos das pessoas sensitivas. Nota que, com efeito, deve ainda estar escondida alguma outra coisa no amarelo e no azul de nossas cores além da simples ação ótica sobre a rede de nosso olho, e que um profundo instinto para uma coisa fina e desconhecida guia aqui o julgamento de nossos sensitivos; isso merece todos os esforços de nossa atenção. Mas, abstração feita das cores, eu quero te apresentar um outro ensaio fácil que fiz frequentemente para distinguir o continente do OD dos raios solares. Polariza estes últimos da maneira comum e deixa-os cair sob 35 graus sobre um conjunto de uma dúzia de folhas de vidro; deixa então mergulhar o tubo, que o sensitivo segurará em sua mão esquerda, ora na luz repelida, ora na que passou; tu o ouvirás sempre dizer que a primeira dá um frescor ódico e a última, um tépido desagradável. Se estiveres de bom humor, poderás, pelo que segue, provocar um pouco os químicos. Pega dois copos de água semelhantes: mete um na luz solar repelida e o outro na que passou. Após 6 ou 8 minutos de permanência, faze degustar a água por um sensitivo. Ele te dirá, de seguida, que a água da luz repelida é fresca e um pouco acidulada, e que a da luz passada é tépida e ligeiramente amarga. Faze ainda uma coisa: põe um pequeno bocal em um copo cheio de água na luz azul do íris e outro no vermelho-amarelo, ou põe um na extremidade da ponta de um grande cristal de rocha e outro embaixo do lado obtuso, tu podes estar seguro de que nesses dois casos o sensitivo achará sempre a água que sai da luz azul agradável, delicada, acidulada, e a que sai da vermelha-amarela, repugnante, um pouco amarga e acerba. Ele beberá o primeiro com gozo, se o permitires; mas se quiseres forçá-lo a esvaziar o outro, poderá te acontecer, como a mim, que, pouco depois, o sensitivo vomitará com grandes esforços. Agora dá essas águas aos senhores analisadores químicos, e que eles te extraiam delas o *amarum* e o *acidum*!

Procede com a luz da lua como o fizeste com a do sol, tu obterás resultados semelhantes, mas em parte polarmente inversa. Um tubo de vidro segurado pela mão esquerda de um sensitivo na pura e plena luz da lua não lhe dará frescor, mas lhe parecerá tépido. Um copo de água que tiver permanecido ao luar lhe parecerá mais tépido e de mais mau gosto do que aquela que permaneceu durante o mesmo tempo à sombra. Todo mundo conhece a grande influência que a lua exerce sobre uma quantidade de homens; todas as pessoas que estão sob sua pressão são, sem exceção, sensitivas e, em regra, bastante delicadas. Como está provado que a lua emite-exerce produtos (atos) ódicos e que sua influência sobre os lunáticos concorda perfeitamente com aquelas que se pode obter de outras fontes ódicas, este astro se torna de uma grande significação para nós como efluindo o OD. Assim, a luz do sol e da lua nos irradiam tão ricamente a força ódica, que nós podemos recolhê-la facilmente e mantê-la nas simples experiências que eu te citei. Breve, tu receberás provas de sua incomensurável influência sobre o gênero humano e, portanto, sobre os reinos animal e vegetal. O OD está em *tudo* como dinâmica cósmica;

ele irradia de estrela em estrela, e, da mesma forma que a luz e o calórico, abarca o universo inteiro.

4ª CARTA.

O magnetismo.

Estas cartas se chamam ódico-magnéticas; por que, então, magnéticas? O que há, então, de magnético nelas? – tu me perguntas. Sou quase tentado a te responder, pouco ou nada absolutamente. Mas aprouve aos homens denominar magnéticas um certo número de aparições que têm uma relação com ele, e sou bem forçado a me resignar ainda a esta nomenclatura. A causa disso está na circunstância de que o magnetismo é portador de forças ódicas, tais como a luz do sol e a da lua carregam consigo, tais como elas saem dos pólos dos cristais, e tais como elas jorram ainda de numerosas fontes que não têm nada de comum com o magnetismo da maneira como o compreendemos até aqui.

Deixa-nos lançar algumas considerações sobre as relações recíprocas entre OD e magnetismo.

Coloca uma boa barra de ferro imantado através do canto de uma mesa, de forma que as duas extremidades ultrapassem a mesa, assim como o fizeste com o grande cristal.

Arranja tua mesa de forma que a barra seja colocada no meridiano, à semelhança de uma agulha imantada (bússola); o pólo norte para o norte, e o pólo sul para o sul; põe um sensitivo diante, e deixa-o aproximar lentamente o oco da mão esquerda, ora de um pólo, ora do outro, à distância de quatro a seis polegadas.

Por este proceder, tu recebes dele as mesmas declarações que ele já deu sobre os cristais, isto é, que um pólo, o que está dirigido para o norte, envia um pequeno ar fresco contra a mão, e o outro, voltado para o sul, um sopro tépido e desagradável. Poderás ainda pôr um copo de água em cada pólo, e fazer degustá-la pelos sensitivos após seis a oito minutos. Eles te dirão que a água colocada na direção do norte é fresca, e a do pólo sul, tépida e desagradável; e se quiseres por aí, ainda uma vez, pregar uma peça nos químicos, com isso eles serão vexados, e para saírem do embaraço, negarão redondamente tua experiência; embora ela seja clara como a luz do dia, eles dirão que ela não é verdadeira... Podemos rir da nudez que apresenta *cá* e *lá* a cátedra doutoral, pois a verdade da natureza não pode ser transformada em mentira por uma contradição sem provas.

Contra seu grado, esses senhores serão logo forçados a se retratar.

Tu acharás natural que as suposições que me conduziram, na obscuridade, com os cristais deveram também surgir em mim na ocasião do ímã. Eu fiz o primeiro ensaio com senhorita Maria Nowotny, em Viena (em abril de 1844) e a repeti, em seguida, por centenas de vezes, com outros sensitivos na câmara escura. É com uma bem grande satisfação que vi minhas suposições justificadas, quando, em primeiro lugar, a pessoa citada me declarou que, em cada extremidade da barra, desprendia-se uma chama luminosa, ardente, fumegante, e que lançava centelhas, no pólo norte, azuis, e no pólo sul, amarelo-vermelhas. Mas faze tu mesmo este fácil ensaio; varia-o, em seguida; coloca um ferro imantado no sentido vertical, que o pólo sul esteja no alto; tu ouvirás pelo sensitivo que a chama se engrandece. Se o ímã é de uma força suficiente, ela se elevará até o teto do apartamento, e produzirá ali um ponto redondo luminoso de um, dois, até três pés de diâmetro, tão claro, que o sensitivo, se é bastante irritável, poderá te detalhar os tamanhos que aí nota. Mas eu te previno, não negligencies minimamente as regras de prudência que te dei para obter uma obscuridade absoluta, assim como de preparar os olhos de teu sensitivo durante horas inteiras, se não, ele não veria nada, tu trabalharias gratuitamente, e a pontualidade de minhas palavras correria risco de uma suspeição imerecida.

Essa aparição luminosa será ainda mais bela ao olho, se fizeres emprego de um ímã em forma de ferradura, e o colocares de pé, os dois pólos para o alto. Possuo um deles, ferradura de nove lâminas, de uma força de atração de 100 libras; todos os sensitivos veem dimanar de cada um de seus pólos uma fina luz; assim, duas luzes, uma ao lado da outra, que não se atraem, que não se aniquilam, que não agem uma sobre a outra à maneira das forças magnéticas de dois pólos, mas que se elevam alto e pacificamente uma ao lado da outra, formigando de inumeráveis pontinhos de uma brancura luminosa, e formando juntos uma colônia de luz da grandeza de um homem; todos os que a viram a descreveram como admiravelmente bela. Ela se eleva verticalmente até o teto, e aí forma um espaço redondo aclarado de um diâmetro de cerca de uma toesa[4]; se o espetáculo dura um pouco de tempo, todo o teto se tornará logo visível. Se um semelhante ímã é posto sobre uma mesa, sua emanação flamejante aclarará sua superfície, e todos os objetos que estão em cima. A sombra se fará ver atrás da mão que se passa através dela. Se se segura um corpo plano, uma prancheta ou uma folha de vidro ou de metal na aparição flamejante, ela se dobra contra ele, e passa por baixo, totalmente como uma chama comum quando nela se põe uma panela ou um pote. Quando nela se sopra, ela ondeia como faz a luz de uma vela. Se sobrevém uma corrente de ar, ou se te moves com o ímã, ela se deita de lado na direção da corrente de ar, semelhante a uma chama que está em movimento. Põe-se um vidro lenticular em sua proximidade, poder-se-á recolher a luz em seu foco, e condensá-la. Assim, essa emanação é material, e muitas de suas propriedades são comuns à chama. Se se reúnem duas delas de forma a que elas se encontrem e se cruzem, elas não se encontram por atrações e repulsões, mas se penetram reciprocamente, e ambas prosseguem seu caminho sem obstáculo. Uma delas é mais forte e provida de uma maior força de projeção, ela penetrará a mais fraca de

[4] Antiga medida de seis pés, equivalente a 1,949m. (N. T.)

forma a fendê-la, e as duas deslizam em torno dela. Mesma coisa acontece quando nela se mergulha uma vareta ou uma barra; ela fende a chama, e esta se reúne de novo atrás dela. E da mesma forma que os sensitivos viram os cristais em fina luz que penetrava toda a sua substância, assim eles veem o aço do ímã de fora a fora como em uma espécie de braseiro esbranquiçado. O eletroímã se comporta totalmente da mesma maneira. Essas propriedades, como o reconheces facilmente, não possuem nenhum paralelismo com o magnetismo, elas são particularmente ódicas.

Se se compara o espato gípseo a uma barra imantada, os dois quase do mesmo peso, encontra-se que as dimanações ódicas dos pólos similares não diferem essencialmente na ação de sensibilidade nem em luz. Sim: encontra-se que o cristal é ainda superior ao ímã em força ódica, que seu frescor e seu calor são mais pronunciados, e a força luminosa, maior. Mas o cristal não contém magnetismo.

Assim, tens aqui "OD" junto ao magnetismo, e "OD" sem magnetismo; nos dois casos, OD de uma força igual. Não se pode, portanto, absolutamente dizer que OD se vincula ou é apenas uma das propriedades do próprio magnetismo.

O OD se apresenta totalmente separado do magnetismo no cristal; e eu produziria ainda uma multidão de exemplos também admiráveis, em que o OD aparece na maior força, enquanto que nenhum magnetismo (no sentido ordinário) está presente. É preciso, portanto, considerar OD como um dinâmide subsistente por si, ocorrendo na sequência do magnetismo, como se apresenta na sequência dos cristais, dos raios solares e muitas outras aparições da natureza, nas quais tocaremos. Conhecemos as grandes similitudes do magnetismo e da eletricidade; sabemos que um aparece tão bem na sequência do outro, e ao inverso, que estávamos já muito perto de tê-los por idênticos. Luz e calórico se comportam da mesma forma; uma faz surgir o outro, eles se confundem a todo o momento, e, não obstante, não estamos em condições de indicar a processão comum de que derivam. É assim que se dá com o OD. Pressentimos, sem dúvida, que, em última instância, essas aparições dinamísticas jorram de uma fonte comum; mas enquanto não estivermos em condições de proporcionar a unidade do íris, somos constrangidos a tratar a eletricidade, o magnetismo, a luz e o calórico como um grupo separado de aparições.

Uma vez que nós vemos que as numerosas aparições ódicas não podem ser classificadas entre nenhum dos dinâmides conhecidos, não nos resta senão reuni-las entre si, e colocá-las como um grupo particular. Minhas cartas seguintes provarão que elas não cederão nem em extensão, nem em significação àquelas que gozam já do direito de cidadania na disciplina Física.

5ª CARTA.

Magnetismo animal.

Ouve-se de novo muito falar do singular fenômeno que já, há mais de oitenta anos, Mesmer chamou magnetismo animal. Nossos pais, nossos avós e bisavós têm-no rejeitado em pleno; entretanto, ele volta sempre a se levantar e não quer morrer. Sobre o que repousa, então, esta vida tenaz? É sobre a mentira, sobre a fraude ou sobre a superstição, como o pretendeu brevemente um fisiologista renomado de Berlim?

Nós iremos ver se aqueles que nada conheceram de melhor fizeram bem em repetir semelhantes palavras.

Peguemos, desta vez, de imediato, a coisa pelos chifres, sem grande preâmbulo. Conduze um bom sensitivo médio e um alto sensitivo para a obscuridade; toma contigo um gato, um pássaro, uma borboleta, se podes te proporcionar um, e vários potes de flores. Após várias horas de obscuridade, tu o ouvirás dizer coisas curiosas: as flores sairão da obscuridade e se tornarão perceptíveis; de início, elas se retirarão do negro da obscuridade geral sob a forma de uma nuvem cinza isolada; mais tarde, formar-se-ão pontos mais claros; por fim, elas se separarão, as flores isoladas se tornarão distintas, reconhecer-se-ão formas que aparecerão cada vez mais claras. Um dia, eu pus um semelhante pote diante de Sr. Endlicher, professor de Botânica renomado, que era um sensitivo médio: ele exclamou com um espanto mesclado de susto: "É uma flor azul! É uma gloxínia!" Era efetivamente *Gloxinia speciosa*, var. *cœrulea*, que ele tinha visto na obscuridade absoluta e que reconheceu pela forma e pela cor; mas, sem luz, nada se pode ver na obscuridade. Foi preciso a presença da luz para perceber a planta com uma tal evidência que se pôde, não somente reconhecer a forma, mas ainda a cor. De onde chegava essa luz aqui? Ela saía efetivamente da própria planta; ela aclarava. Germes, anteras, pistilos, corolas, caules, tudo se fazia ver finamente aclarado; podia-se mesmo notar as folhas, embora mais foscas; tudo parecia em uma delicada incandescência; as partes genitais, mais distintamente; o caule, mais claro que a folha. Tua borboleta, teu pássaro, teu gato, todos aparecerão na obscuridade. Partes destes seres se tornarão luminosas e se moverão contigo cá e lá; mas logo o sensitivo te declarará que vê a ti mesmo. Ora tu lhe aparecerás como um homem de neve informe, ora couraçado, um alto capacete na cabeça, enfim, temível como um gigante luzente. Faze olhar à pessoa sensitiva sua própria forma um pouco confusa, ela se encontrará, ela mesma, luzente, não somente seus braços, seus pés também, suas pernas, seu peito, seu corpo através dos trajes, ela verá tudo em uma fina incandescência. Fixa sua atenção sobre suas mãos: de início, elas terão uma fraca semelhança com uma fumaça cinza; em seguida, parecerão com uma silhueta sobre um fundo fracamente aclarado; enfim, os dedos aparecerão com sua própria luz; eles terão a aparência de que ganham em volume, assim como, quando se põe sua mão diante e próximo da chama de uma vela, ela parece transparente. A mão parecerá mais longa do que é na realidade. Encontrar-se-á em cada dedo um prolongamento luzente, e de sua extremidade jorrará uma luz que será, segundo as circunstâncias, metade ou tão longa quanto cada dedo mesmo. Mediante essas caudas flamejantes que se encontram em cada dedo, a mão parecerá ultrapassar o dobro de sua grandeza real; as últimas falanges dos dedos serão as mais claras, e aqui, também, a raiz das unhas as ultrapassará em claridade. Quando o primeiro espanto sobre a faculdade luminosa de todos os homens, permanecida desconhecida até aqui, tiver passado, e quando tu quiseres dirigir teu sensitivo e lhe pedir detalhes sobre suas cores, ouvirás talvez com uma nova surpresa que as cores nas diferentes partes do corpo não são semelhantes; que as mãos direitas luzem de um fogo azulado, enquanto as da esquerda aparecem amarelo-vermelhas, e que, por essa razão, aquelas são mais sombrias e estas, mais claras; que a mesma diferença existe para os dois pés, que mesmo todo o lado direito de teu rosto é mais sombrio e azulado que o esquerdo; até mesmo que todo o lado direito de teu corpo inteiro é azulado e um pouco mais sombrio, todo o lado esquerdo é avermelhado-amarelado e se apresenta sensivelmente mais claro. Recordar-te-ás incontinente que tocas, aqui, no mesmo contraste de cores que encontraste na luz do cristal, nos raios solares e na chama do ímã.

Poder-se-á encontrar e fornecer a prova de que o paralelismo que se encontra por toda parte entre a luz ódica fresca e azul, como entre o tépido e vermelho-amarelo, encontra-se também na luz do homem? Tu o tens por duvidoso, e, entretanto, se um fato semelhante não se deixasse provar, a natureza da luz humana permaneceria enigmática. Fiz o ensaio seguinte, em agosto de 1845, com Bollmann, marceneiro em Viena, idade de cinquenta anos, sensitivo médio. Eu pus minha mão direita em sua mão esquerda, de forma que nossos dedos se cruzavam sem quase se tocar. Após um minuto, substituí minha direita por meus dedos da esquerda, mudei assim várias vezes de mão, e aprendi que o sensitivo sentia minha mão direita *de luz azul* mais fresca que a esquerda *de luz amarela*, que lhe parecia muito mais quente. O objetivo de minha pesquisa foi encontrado! Repeti os fatos adquiridos sucessivamente com mais de cem sensitivos, que os confirmaram outras tantas vezes. Estendi então a experiência sobre os pés, sobre os lados do corpo, sobre as bochechas, orelhas, olhos, as asas do nariz, sobre a metade da língua e variando ao infinito. Obtive sempre apenas um resultado: o de que, por meio da mão esquerda sensitiva, sentia-se que todo o lado direito de cada pessoa, não importa que fosse masculina ou feminina, é mais fresco, e, pelo contrário, o lado esquerdo, mais quente. Assim, vês por aí que o homem, da direita à esquerda, é polarizado com as mesmas condições que o cristal entre os pólos de seu grande eixo. Como o ímã entre seu norte e sul, como a luz solar entre azul e vermelho-amarelo; como estes efeitos com seus caracteres são os mesmos, temos o direito de concluir que as causas são também as mesmas; que, em consequência, o homem também emana o OD, exatamente nas mesmas duplas formas como as observamos até aqui em todas as outras fontes ódicas. Fiz experimentar gatos, galinhas, patos, cães, cavalos, bois, todos foram encontrados da mesma forma. As plantas que fiz examinar desde a raiz até as folhas fizeram ver que elas estavam sujeitas às mesmas leis. Assim, toda a natureza orgânica viva inteira reluz e transborda de riqueza torrencial de dinâmides ódicos; e se quiseres lançar teu olhar sobre este fato tão extenso em seu incomensurável alcance no todo da criação do universo, ele te apontará um dia novo pelos fatos de que se denominou até aqui apenas uma pequena fração e bem impropriamente MAGNETISMO ANIMAL. Tentarei, o facho da teoria à mão, percorrer contigo rapidamente este terreno emaranhado.

Acabo de te entregar a chave da porta.

6ª CARTA.

O homem portador do od.

Notaste que, quando eu coloquei minha mão direita em uma mão esquerda sensitiva, gerei uma sensação fresca e agradável, mas quando fiz a mesma coisa com a esquerda, ela sobreveio quente e desagradável, tépida, nauseosa. Pode-se inverter essa experiência colocando a mão esquerda na sensitiva direita: a sensação será então fresca e agradável; opera-se com a direita, o sentimento será tépido nauseoso. Disso resulta esta lei: conjunções de mãos isônomo-ódicas (esquerda na esquerda, ou direita na direita) serão tépidas nauseosas. Conjunções de mãos heterônomo-ódicas (a direita na esquerda) são frescas e agradáveis.

Peço-te, agora, recordar-te da observação que apresentei em minha primeira carta; que há homens que são contrários quando se lhes apresenta a mão, e se soltam quando se mantém a sua apertada durante um pouco de tempo; ora, como se estendem sempre as mãos direitas, faz-se uma conjunção de mãos isônomo-ódicas produzindo o tépido e nauseoso, o que se torna doloroso aos sensitivos e logo insuportável; por isso, soltam-se depressa.

Dá um passo a mais; põe os dedos de tua mão direita sobre o braço esquerdo sensitivo, sobre o ombro, sob a axila, sob as têmporas, nos rins, sobre o joelho, o pé, as pontas dos dedos do pé, por toda parte sobre o lado esquerdo de todo o corpo sensitivo: os dedos da direita farão sentir fresco e benfazejo, porque são conjunções heterônomas. Faze da mesma forma sobre o lado direito sensitivo com teus dedos da mão esquerda, tu produzirás a mesma sensação se frescor; são igualmente conjunções heterônomas. Mas se praticas todos esses toques sobre a esquerda sensitiva com teus dedos da esquerda, ou sobre a direita sensitiva com os dedos de tua esquerda, tudo será sentido tépido, e cada toque será desagradável, visto que são conjunções isônomas. Coloca esta indicação à prova e escolhe uma outra forma de *emparelhamento* na vida comum. Põe-te ao lado de um sensitivo tão perto quanto o fazem os soldados em fila e em linha; toda a tua direita tocará então todo o lado esquerdo sensitivo. Não ouvirás nada de desaprazível: mas faze um giro sobre ti mesmo de forma que teu lado esquerdo toque o lado esquerdo do sensitivo, incontinente ouvirás formular queixas, ele sentirá um mal-estar tépido nauseoso, e, se não retornas prontamente, ele não suportará tua impressão e se retirará.

No primeiro caso, efetuaste uma conjunção heterônoma, no segundo, uma isônoma.

Escolhe uma outra relação; coloca-te muito perto atrás de

teu sensitivo, com a frente de teu corpo fazendo face às costas dele, ou diante dele com tuas costas voltadas para a frente do corpo dele: nos dois casos, teu lado direito se encontra ao lado direito sensitivo e, ao mesmo tempo, tua esquerda, à esquerda dele. São, dos dois lados, conjunções isonômico-ódicas. O sensitivo não as suportará e, se não mudas em seguida a situação, ele a mudará em se indo.

Aqui, é preciso que eu te peça novamente para lançares um olhar retrospectivo sobre minha primeira carta, na qual eu te chamava a atenção sobre um gênero de homens que não suportam absolutamente que alguém esteja colocado muito perto atrás ou diante deles, que, por esta causa, fogem das reuniões e dos mercados públicos.

Vês quanto eles são fundados. Conheço homens jovens, vivos e vigorosos que não gostam de andar a cavalo; é quase contra a natureza do homem; o alto gozo da força juvenil é o exercício a cavalo.

Mas, sentado no cavalo, voltam-se os lados isônomo-ódicos para o animal. O caso é, portanto, o mesmo que aquele em que se tivesse as costas de um homem, muito perto, diante de si. Os homens nos quais encontrei esta aversão eram todos sensitivos. É-me permitido citar, como exemplo, os cavaleiros Augusto e Henrique de Oberländer.

Da mesma forma, há mulheres que não são capazes de carregar um filho nas costas, nem por alguns minutos, por diversão.

Este caso é quase idêntico ao que precede. É o mesmo

que aquele em que se tem alguém muito perto atrás de si. Estas mulheres são sempre sensitivas.

Muitos homens não podem igualmente deitar a dois em uma cama. Daí, o provérbio dos *que têm mau dormir*; a causa disso é evidente. Mas também o costume geral de todos os povos civilizados de ceder a direita à pessoa preeminente, seja se colocando à sua esquerda ou se assentando à sua esquerda, seja conduzindo-a pelo braço esquerdo, encontra-se grandemente fundado em nossa natureza ódica. Diz-se, é verdade, que se age assim para deixar o uso, a liberdade da mão direita à pessoa preeminente. Isso poderia bem ser uma parte desse costume; mas a influência da sensitividade pesa muito mais fortemente na balança.

Quando dois homens são colocados um perto do outro, de lado, eles descarregam reciprocamente seu OD um sobre o outro; o que está à direita recebe do que está à esquerda uma carga de OD negativo. O que está à esquerda recebe do outro o OD positivo. O da direita ganha, assim, tanto em negatividade quando o da esquerda perde. Por outro lado, o da esquerda ganha tanto em positividade quando o da direita descarrega sobre ele; mas o estado da maior negatividade ódica é, como o sabemos, o fresco e o agradável, e o de uma positividade maior, o mais tépido e mais nauseoso. Assim, a mulher que colocamos à direita ganha tanto em bem-estar quando o homem toma de mal-estar. A chave deste antiquíssimo costume não age, portanto, somente em sua proveniência, mas reside na intimidade de nossa natureza. Isso vai tão longe, que pessoas algo fortemente sensitivas não podem absolutamente persistir sobre o lado esquerdo.

Semelhantes casos inumeráveis se apresentam na vida humana, em milhares de ligações e de variações; todos podem ser esclarecidos e julgados segundo o desenvolvimento da lei citada. Mas se reconhecerá aí também o quanto o direito dos sensitivos é fundado, quando eles reclamam respeito e cuidados.

7ª CARTA.

O mesmerismo, os passes e os médicos.

Vais me perguntar agora em que consiste a assim chamada magnetização de um homem. Do nosso ponto de vista, e tu o tomarás talvez pelo ponto angular sobre o qual se apóiam minhas cartas, não é, entretanto, o caso; não obstante, é um lado dos fenômenos ódicos que é muito digno de nossa atenção. Ela conduz à prática do que se chama o mesmerismo, isto é, ao método que o doutor Mesmer introduziu na Medicina para utilizar o dinâmide ódico para a cura. Mesmer, segundo o estado de ciência de então, acreditou que era o magnetismo, e o chamou magnetismo animal. As expressões OD e mesmerismo não se farão obstáculo. Uma pertence à Física, e figura uma força universal; a outra exerce um emprego especial dessa força na terapêutica, e pertence à arte de curar.

Voltemos à quinta destas cartas, onde eu te pedia para percorrer rapidamente comigo, a chama da teoria à mão, este terreno emaranhado do assim chamado magnetismo animal.

Tu sabes que, não importa onde toques um sensitivo com

teus dedos, exerces sobre ele uma influência sensível, que se torna visível na obscuridade. Não é mesmo necessário que este toque seja realmente efetuado. A aproximação de teus dedos produz já efeitos consideráveis; a emissão, que, na obscuridade, ultrapassa visivelmente de muito teus dedos, atinge incontinente o corpo do qual se aproxima e age sobre ele. Poderás ainda produzir fortes irritabilidades à distância de muitos decímetros, a 33 centímetros mesmo; a uma distância de muitos pés, os sensitivos médios sentirão ainda tua ação. Nos altos sensitivos, isso se estende a uma maior distância, ao comprimento de uma câmara. Vi mesmo casos em que a ação se fazia ainda sentir no surpreendente comprimento de 20 e 30 e alguns passos.

Até aqui, limitamos nossas observações aos contatos imóveis, conjunções sem movimento; agora, convido-te a fazer um movimento contínuo sobre um ponto do corpo do sensitivo para um outro, seja com teus dedos apontados, seja com a palma de tua mão, ou com o pólo de um cristal, ou com um ímã. Põe, por exemplo, as extremidades de teus dedos direitos sobre o ombro esquerdo do sensitivo, e passa, descendo delicadamente e lentamente, até a juntura do cotovelo, ou, se quiseres, desce a extensão dos braços até por cima dos dedos. Pelo contato móvel contínuo, produzirás sobre toda a linha o mesmo efeito que obtiveste pelos contatos imóveis; estabelecerás uma sensação de frescor, que se pode considerar como uma cadeia composta de inumeráveis pontos refrescados. Eis o que os médicos chamam um passe. Faze a mesma coisa sobre outros pontos, por cima do lado esquerdo da cabeça, do lado esquerdo do corpo, do pé esquerdo, até por cima e além dos dedos do pé, transmitirás ao longo de toda a linha uma sensação de frescor. Se efetuas os mesmos movimentos com a mão esquerda, por cima do lado direito, até em baixo, produzirás também os mesmos efeitos. São conjunções heterônomas. Enfim, faze com tuas duas mãos ao mesmo tempo os passes indicados, à direita e à esquerda, sobre o sensitivo, desde a cabeça até por cima dos dedos dos pés, acontecerá que o homem tocado desta maneira provará uma sensação agradável de frescor e de quietude. O que acabas de fazer agora é o que os discípulos de Mesmer, e os assim chamados médicos magnetistas, chamam um passe magnético-animal ou mesmérico.

Desde o presente, tu podes magnetizar. Como o notarás facilmente, é, em realidade, indiferente que operes os passes com as mãos, ou com os pólos de um cristal, ou com ímãs; que seja imediatamente sobre a pele nua, por cima dos trajes, à distância de alguns centímetros ou de um metro, produzirás sempre os mesmos efeitos segundo as circunstâncias; a intensidade só enfraquecerá em razão da distância crescente.

Assim, a influência que exercem as emanações ódicas heterônomas estranhas, sobre os lados de um sensitivo, faz a substância da assim chamada magnetização. Se ages na obscuridade, os sensitivos veem os tufos ígneos dos dedos, que passam sobre os pólos, aflorá-los até em baixo. Eles veem, além disso, no ponto sobre o qual as chamas se dirigem, surgir uma luz mais forte sobre seu próprio corpo; luz que desce com o agente luminoso por cima deles. Por esse fenômeno luminoso, tão bem como pela produção da sensação de frescor, reconheces claramente que aquele que faz os passes produz sobre o organismo daquele que os recebe uma irritação tal, que se é forçado a lhe conceder uma grande significação; que o OD, que emana com a luz azul, influi como existindo de uma forma toda particular com a luz vermelha, sobre os portadores de OD, isto é, heterônomos sobre heterônomos. Como o corpo do homem é um grande portador de OD, e a substância ódica tem uma parte poderosa em seu profundo interior, concebe-se que passes ódicos possam entrar bem antes na economia física e espiritual do homem, parte que é a produção de sono ou de inquietude, de influências sobre as perturbações doentias no corpo; influências que se tornam úteis ou nocivas, segundo a imposição das mãos e a direção dos passes. E esses fatos não são, pois, por conseguinte, um erro, composto de mentira, de fraude e de superstição, como tem a pretensão de sustentá-lo outra parte; são, ao contrário, fatos fisiológicos bem fundados sobre a experiência, e muito conformes às leis naturais. Não são senão os que jamais quiseram se dar ao trabalho de aprofundá-los que podem deixar escapar julgamentos tão prematuros.

Mas se me perguntas qual é o benefício real que a arte de curar obtém pelos passes ódicos, sou tentado a crer que ele se tornará extremamente grande, quando a física e a fisiologia do OD forem desenvolvidas. Admito, no entanto, que me parece, até aqui, ainda bem estreito e pouco certo. Ouçam-

-se e se leiam os magnetizadores, eles estão, decerto, como Mesmer o esteve já há 88 anos, em condições de curar quase todas as doenças. Cada médico, não importa a escola a que possa pertencer, imagina que ele e sua arte curaram o doente quando este volta à saúde. Por que o médico magnetista não levantaria a mesma pretensão para sua satisfação particular? Nós outros, nós sabemos bem que entre vinte pessoas restabelecidas, dezenove o foram por si mesmas, e voltaram sobre suas próprias pernas, malgrado o médico. Enquanto isso, encontrei geralmente como certo que, sobre cada ponto do corpo humano sobre o qual se apóie a mão, ou que se a mova com conjunção heterônoma ódica, há um reforço da atividade vital, não superficial, mas entrando profundamente nos órgãos mais interiores. Assim, ali onde há atonia, relaxamento, pode-se levar a vitalidade, e um acréscimo de atividade. Isto é um grande resultado comum, de um imenso alcance, que os médicos esclarecidos saberão apreciar.

Sustento a influência do OD sobre as cãibras particularmente por decidida; numerosas vezes, acalmei-as, suprimi-as segundo minha vontade, e as provoquei mesmo.

Vi médicos operarem perto do leito dos doentes; vi-os, com poucas exceções, fazê-los dar saltos tão contrários à sã física do OD, que era impossível que pudesse sair disso alguma coisa de feliz para o doente. O que se pôde ganhar de proveitoso até este momento, sem nenhuma espécie de conhecimento da substância e das leis de uma força tão desconhecida, tal como a do *od*? Não se fez senão tatear como o cego; mas é permitido esperar; quando a natureza do OD e suas complicações com as forças do organismo vivo forem reconhecidas, e quando essas forças forem desenvolvidas cientificamente, nossos médicos começarão a substituir seus tateamentos atuais por um proceder racional estabelecendo regras fixas da ação do OD sobre o corpo humano doente, e tirar desses fatos extraordinários alguns frutos salutares à humanidade, como ela tem direito de esperá-lo há longo tempo.

8ª CARTA.

A Química.

Fiz-te ver, em último lugar, o que se entende por magnetismo animal. Não é uma influência magnética, mas uma influência ódica sobre o corpo humano que é tão bem e frequentemente melhor praticada por um grande número de portadores de OD do que pelo ímã, que age aqui apenas ocasionalmente como portador de OD e não como ímã. Ponhamos, pois, de lado a palavra magnetismo animal como imprópria. Ela vem de um tempo em que se tinham ideias mais emaranhadas e mais confusas dessas coisas, e não responde mais com o estado atual do progresso das ciências. Entretanto, antes de te introduzir mais adiante na questão por esse lado, devo melhor te fazer conhecer a extensão da natureza do OD.

Conheces o OD que emana, por um motivo desconhecido, eternamente e invariavelmente dos pólos dos cristais. Conheces o que emana do ímã do aço, fonte que vai se enfraquecendo, e desaparece. Conheces, enfim, o OD que jorra, mas passageiramente, de uma fonte de vida, do organismo vivo.

Agora, quero te conduzir para perto daquele que se inflama instantaneamente e se extingue rapidamente; é o que provém da química. Digo da química para estabelecer nitidamente a distinção da afinidade que designa esta força e a química.

Destampa para o teu sensitivo uma garrafa de vinho de Champanhe na obscuridade; com um alegre espanto, ele soltará um grito de alegria para com o raio ígneo; que, desde o orifício da garrafa, segue voo da rolha até o teto. A garrafa inteira aparecerá então em uma branca incandescência, como se fosse de neve luzente, e, acima dela, planará uma nuvem luminosa e ondulante. Como não vês nada desse precioso fogo de artifício, sabes já que é um fenômeno ódico; e se quiseres compreendê-lo, segue-me em algumas experiências. Coloca, na obscuridade, uma colherada de açúcar bem pulverizado, ou de sal de cozinha crepitado, em um copo de água. Desde então, teu sensitivo não vê senão pouco ou nada dos dois; mas logo que os mexeres juntos na água, ele vê a água, assim como o copo, tornar-se luminosa. Se ele segura o copo na mão esquerda, sente a água fortemente resfriada; assim, esta simples solução desenvolve o OD, ela é uma fonte de OD. Introduze um fio de ferro, ou de cobre, ou de zinco em um bocal de vidro que contenha ácido sulfúrico diluído, todo o fio entrará em uma espécie de incandescência, e em sua extremidade superior sairá um vislumbre bastante semelhante à chama de uma vela, se não fosse infinitamente mais fraco em potência luminosa. No alto, ela passará em fumaça com muito finas centelhas que jorram verticalmente. O fio parecerá muito mais frio na mão esquerda do que o era antes. A dissolução é, portanto, igualmente uma fonte de OD. Faze uma água acidulada com um pó aeróforo, tu dissolverás, primeiro, na obscuridade, o bicarbonato de sódio em meio copo de água; ela se tornará, de seguida, luminosa. Dissolverás o ácido tartárico em um outro meio copo de água, ela se tornará igualmente, e ainda mais fortemente, luminosa. Quando, após alguns minutos, as duas tiverem reentrado na obscuridade, mistura as duas soluções juntas, instantaneamente a mistura se tornará muito luminosa; ela parecerá de um frio glacial na mão esquerda, e uma poderosa nuvem de um claro esbranquiçado se amontoará em cima do copo. A decomposição química desenvolve, portanto, ativamente um OD rico. Faze uma dissolução de açúcar de Saturno[5], e verte aí uma dissolução de alume; no momento mesmo, todo o líquido se tornará visível na obscuridade. Conduze para a água os dois fios polares de um aparelho de Volta; teu sensitivo verá a água luzente e, por gradação, mais clara, desde que a decomposição começar. Mas ele encontrará que o bocal que segura na mão esquerda está frio. Assim, todo ato químico desenvolve o OD. A química é uma impetuosa fonte de OD, que aparece de repente, mas que seca logo que o jogo de afinidades cessa. Se, na obscuridade, retira-se a tampa de uma garrafa de álcool, ou de éter, de espírito acético[6], de sulfeto de carbono, de amoníaco cáustico e, melhor ainda,

[5] Fr.: *sucre de Saturne*; esp.: *azúcar de Saturno*. No alemão: ***Bleizucker***: "açúcar de chumbo". Antigo nome do acetato de chumbo, que tem sabor adocicado. (N. T.)
[6] Fr.: "*esprit acétique*"; esp.: "*espíritu acético*". Antigo nome do ácido acético, produto da destilação do vinagre ou outro fermentado. No texto alemão, não consta aqui esta substância; do "éter", ele cita direto o "sulfeto de carbono". (N. T.)

de eupione[7] puro, e que o ar esteja tranquilo, o movimento respiratório detido, uma pessoa sensitiva verá subir perpendicularmente do orifício da garrafa uma colônia luminosa com uma rapidez proporcional à tensão da substância. Enquanto isto se passa, o líquido se torna igualmente luminoso, mas não somente as substâncias cuja volatilização é tão rápida, como aquelas citadas, mas também outros corpos, o mercúrio, por exemplo, com seu fraquíssimo poder de evaporação, soltam uma fumaça luzente pelo orifício da garrafa. As matérias sólidas, como a cânfora, comportam-se da mesma forma. O iodo em particular dá uma fumaça clara luzente, e se torna ao mesmo tempo luminoso. A evaporação espontânea e a vaporização, e, por conseguinte, a destilação, fazem-se com um desenvolvimento contínuo de OD.

Cada líquido açucarado em fermentação reluz constantemente. As bolhas de ar aí sobem como pérolas ígneas. O mosto de vinho em fermentação é um desses líquidos ativamente químicos que são sempre luminosos. Explicar-te-ás agora, sem meu concurso, a ascensão de teu vinho de Champanhe em fogo e chama.

A putrefação também é uma espécie de fermentação, e tudo o que é putrefato se torna luzente. Na verdade, a doutrina da fosforescência nos ensinou isso desde longo tempo, mas ainda não mencionamos em que grau a fosforescência se aproxima da luz ódica. Quando os que não são sensitivos não

[7] Fr. e esp.: "*eupion*". Do alemão: *Eupion* (derivado do grego: *eupiôn*, "*muito gordo, rico*"), hidrocarboneto da série da parafina, descoberto por Reichenbach no alcatrão de madeira e obtido pela destilação destrutiva de carvão e outros materiais. (N. T.)

percebem mais nenhum traço de fosforescência em matérias putrefatas, os sensitivos as veem ainda em pleno estado luminoso, e, como nós falamos precisamente de putrefação, não estamos longe dos trespassados.

Segue-me um instante ao reino dos mortos, sob a fé de minha palavra, de te reconduzir prontamente enriquecido de um golpe de vista instrutivo, sobre suas ocupações noturnas. Não ignoras que as almas trespassadas passeiam sob a aparência do fogo sobre seus túmulos, até que estejam libertadas, e tenham expiado todo o terrestre de que estavam ainda carregadas, e que tenham encontrado o repouso eterno. Tu me olhas com dúvida? Mas falo sério, pois se veem os espíritos. Poderás te assegurar disso por muitos testemunhos. Tua ama te terá dito certamente que não é dado a todo mundo ver espectros e almas de trespassados. Que não há senão uma certa classe de homens privilegiados que pode vê-los. Tudo isso me voltou fortemente quando eu trabalhava com bons sensitivos sobre a putrefação dos peixes. Eu queria saber se não podia fazer conhecimento com os mortos em fogo. A senhorita Leopoldina Reichel consentiu em se deixar conduzir por uma noite bem negra sobre o cemitério de Grünzing, perto de Viena, não longe de minha morada. Ela aí viu efetivamente (1° de novembro de 1844) aparições ígneas sobre vários túmulos. Conduzida então sobre os imensos cemitérios de Viena, ela viu uma quantidade de túmulos com vislumbres móveis. Eles faziam movimentos similares de vai e vem, no sentido das filas de dançarinos ou de soldados em exercício; alguns eram grandes, quase como homens, outros, pequenos, deslizando na terra como duendes contrafeitos. Mas todos estavam nas fileiras das covas recentes. Os antigos túmulos não tinham guardiães ígneos. A senhorita Reichel aí foi timidamente e com lentidão; à sua aproximação, as formas humanas desapareceram. Ela reconheceu que não eram senão nevoeiros luzentes, como os que ela tinha visto de mil maneiras na câmara escura. Ela se aventurou a ir mais adiante, mas não encontrou senão um claro vapor. Entrou em um deles com determinação; este lhe subiu até o pescoço. Ela podia dissipá-lo pelo movimento de seu roupão. A dança e o exercício se fundiram no movimento do vento que jogara uniformemente com todos esses trespassados luminosos. De outra vez, eu enviei quatro pessoas sensitivas sobre o cemitério de Sievring: estava tão escuro, que muitas vezes elas caíram na terra. Mas, tendo chegado aos túmulos, todas elas viram formas de espectros mais ou menos pronunciadas, segundo os diferentes graus de sua irritabilidade sensitiva. Elas os viram como ar luzente sobre as covas recentes. Uma delas desenhou sobre estes túmulos algumas figuras com a ponta de seu guarda-chuva. Os traços persistiram em vislumbre reforçado sobre a terra sulcada.

O que era? E o que é isso?

Nada além dos miasmas pútridos que os túmulos exalam, e que sobem acima deles no ar, onde o vento joga com eles, e dos quais o medo muda o rodopio na corrente de ar em danças de espíritos vivos. É o carbonato de amoníaco, o hidrogênio fosforado[8] e outros produtos conhecidos e desconhecidos da putrefação, que pela evaporação desenvolvem a luz ódica. Quando a putrefação está no fim, os vislumbres cessam, os mortos são reconciliados.

Mas, meu amigo, temos uma reparação a fazer a nossas velhas amas, a lhes pedir perdão por uma injustiça. Os espíritos ígneos existem, portanto, de fato e em verdade; sua presença não pode mais ser negada. É preciso, querendo ou não, conceder-lhes isso, e elas terão razão, mesmo em dizendo que os espectros não são vistos por todo mundo, exceto os privilegiados – os sensitivos. É preciso ainda que confessemos esta verdade; não é uma falta delas se nós não compreendemos, durante um tão longo tempo, o que elas nos tinham afirmado há milhares de anos.

[8] Atualmente, fosfina, ou hidreto de fósforo. (N. T.)

9ª CARTA.

O som, a fricção, as fontes.

Em minha última carta, combatemos a superstição, e a procuramos em um recanto no qual ela se aninhava há milhares de anos; hoje, quero nela pregar ainda uma peça semelhante. Sigamos mais longe a extensão do OD na natureza. Eu tinha o mecânico, Sr. Enter, um sensitivo médio, na câmara escura (outubro de 1851), e queria pesquisar se o som não tinha alguma ligação com o OD. Levei o sino de uma máquina pneumática, tomei-o pelo botão e bati em cima, com precaução, com uma chave. Desde que o som retiniu, ele se tornou luzente e visível. Quanto mais o golpe era forte, mais o vislumbre era claro. Uma haste de metal, um ímã em ferradura, batidos para dar um som, ganhavam em vislumbre. Um sino de metal de um som incisivo, batido durante algum tempo, tornou-se tão luzente que se difundiu um vislumbre claro em toda a câmara, que todos os sensitivos viram. Após ter dado um golpe de arco sobre um violino, não somente as cordas, mas toda a tábua de harmonia, tornaram-se luzentes. Os corpos sonantes não somente se tornaram ígneos ódicos, mas difundiram também uma claridade luzente em torno deles; eles pareceram rodeados como de uma auréola de santo. Todo copo de beber que eu toquei com uma faca, como se costuma fazer para chamar um doméstico, ganhou uma atmosfera luminosa, e tanto mais clara quanto o som que o instrumento produzia era mais elevado. Pode-se nela notar uma vibração semelhante àquela do som. O ponto sobre o qual eu tocava era, a cada vez, o mais luzente. Fiz entrar mãos nesses sinos de vidro e de metal, mas de maneira que elas não tocassem o corpo dos sinos. Quando bati por fora e o som retiniu, a mão esquerda ficou fresca e a direita, tépida. A influência da sensação ódica acontecia e, na verdade, no sentido do raio azul do sol, da extremidade superior do cristal e do ímã no pólo norte. Tive, numa palavra, a satisfação de encontrar no som uma fortíssima fonte de OD.

De outra vez, lancei os olhos sobre a fricção, e pus na mão de Srta. Maria Maix (julho de 1844) um fio de cobre, na outra extremidade do qual eu tinha prendido uma prancheta. Quando eu friccionei por cima com uma outra prancheta, desprendeu-se calor por este longo fio na mão sensitiva. Quando friccionei o fio, na obscuridade, contra uma mó que rolava sobre o torno, todo o fio se tornou incandescente ódico e se cobriu, por todo o comprimento, de um vislumbre claro. De sua extremidade afastada, elevou-se um vislumbre da forma da luz de uma vela. Para contraprova, peguei um tubo de vidro de um barômetro, coloquei-o, por uma extremidade, num copo de água e friccionei a outra durante alguns minutos contra a mó que girava rapidamente sobre o torno; todo o tubo se tornou luzente, o copo de água inclusive. Todos os sensitivos encontraram a água tépida ao degustá-la, um pouco amarga e repugnante. Uma delas, que eu persuadi a esvaziar o copo, pôs-se, pouco depois, a vomitar várias vezes muito fortemente. Um vivíssimo desenvolvimento de OD pela fonte da fricção estava fora de dúvida.

Isto me conduziu pela prática a um resultado que promete te ser agradável. Eu queria saber se a fricção dos líquidos indicava também o OD. Com efeito, bocais de vidro bem tampados que continham álcool, éter, essência de terebintina, creosoto, tornaram-se todos luzentes com seu conteúdo quando se os sacudia na obscuridade; a água mesma, sacudida em garrafas bem tampadas, tornou-se luzente, e na mão esquerda, tépida, nauseosa; mas desde que voltou ao repouso, ficou, em poucos segundos, invisível, e o regresso era refrescante.

Eu me relembrei então de alguma coisa de curioso: não te assustes! Não foi nem mais nem menos que.... a vareta divinatória tão desacreditada. Os descobridores de água, aqueles que encontram as fontes, apresentaram-se à minha memória. Como! – pensei; se a água sacudida põe o OD em movimento, a água corrente não poderia produzir o mesmo efeito? Para encontrar a prova disso, envolvi fortemente um tubo de vidro com papel, coloquei-o na mão esquerda de uma sensitiva e verti, por um funil de vidro, a água dentro, num filete contínuo. Todos encontraram que lhes chegava o calor pelo papel por tão longo tempo quanto eu vertia a água, que o frescor voltava desde que eu cessava. Quando fiz a experiência, na obscuridade, de verter a água no funil, eles viram durante todo o seu escoamento o tubo, de alto a baixo, luzindo. Eu obtive a prova, por esta simples passagem através de um tubo, de que a água desenvolvia o OD.

Minha esperança foi crescendo. Levei a senhorita Zinkel, uma sensitiva média, ao parque que cerca minha casa de campo. Eu conhecia a direção de um aqueduto estabelecido numa grande pradaria, mas que é irreconhecível à sua superfície. Eu a fiz marchar lentamente, transversalmente sobre a pradaria para fazê-la passar por cima do aqueduto. Quando ela se aproximou dele, eu a vi hesitar em sua marcha, avançar, recuar e, enfim, deter-se. "Aqui, disse ela, eu sinto, até a altura dos joelhos, particularmente no pé esquerdo, um morno nauseante". O que não foi absolutamente semelhante sobre as outras partes da pradaria. Ela estava, com efeito, posicionada muito exatamente sobre os condutos pelos quais uma fonte alimentada a meia légua de lá é levada à fazenda. Eu repeti a experiência com muitos outros sensitivos, e sempre com o mesmo resultado. Eis, portanto, que a vareta se reergue da profunda humilhação na qual a ignorância e um desprezo imerecido a tinham mergulhado. Não é a vareta em si mesma, que não é provavelmente senão um envoltório no qual a verdade se enterra, mas bem a essência da verdade que estava velada embaixo, e que não soube chegar a se fazer valer. Pois bem! Ela não é outra que a influência do OD posto em atividade pela fricção da água, cujos movimentos são percebidos pelos sensitivos.

Senhor[9] rabdomante da França, o descobridor de fontes renomado que se chama ao longe no país e que chegou a uma surpreendente habilidade para encontrar a água, não é, decerto, mais que um bom sensitivo. Todas as vezes que marcha acima de uma água subterrânea que está em movimento, ele sente sua influência ódica sobre seu corpo impressionável. Ele pode, segundo a medida da maior ou menor irritabilidade, inferir da maior ou menor profundidade da água. Ele impeliu sua habilidade e sua segurança tão longe que a metade da população francesa lhe testemunha sua admiração e seu reconhecimento. Seu segredo, que era para ele mesmo um enigma, e que ele estava fora de condições de descobrir, é agora desvelado, e talvez nós teremos logo na Alemanha centenas de homens e de mulheres em fontes (todos os altos sensitivos, após uma curta prática, serão aptos a descobri-las).

A vareta divinatória é, portanto, desde o presente, um lugar-comum desvelado a todo o mundo.

---

[9] Presumimos que o autor quer citar o abade Paramel.

10ª CARTA.

O calórico, a eletricidade, os corpos terrestres.

Não há, decerto, necessidade de minha participação para chamar tua atenção sobre o papel que tão poderosos agentes, tais como o calórico e a eletricidade, devem desempenhar em face do OD. Entretanto, a complicação cresce aqui de tal forma, que eu não vejo lugar para eles no quadro estreito destas cartas, e que me vejo forçado a me restringir a expor alguns fatos somente, o mais brevemente possível. Leva um vaso de carvões ardentes ao encontro de um alto sensitivo, ou acende o espírito de vinho[10] em sua vizinhança, ou o conduze à distância de alguns passos diante de um fogo aceso, ou ainda, lança à frente dele algumas bolinhas de potássio sobre a água, e pergunta-lhe a sensação que ele prova por todas essas coisas. Tu e teu sensitivo ficareis confusos por serdes obrigados a sentir e ouvir que não é o calor que lhe vem por todo esse fogo de artifício, mas que o frescor é a sensação predominante. Dá-

[10] Fr.: "*esprit de vin*"; esp.: "*aguardiente*". No alemão, ***Weingeist***: "espírito de vinho". Antigo nome do álcool etílico ou etanol, obtido pela destilação do vinho. (N. T.)

-lhe um leve bastão, de cerca de um metro de comprimento, ele o segurará pela extremidade na mão esquerda, e deverá acendê-lo na outra extremidade; ele encontrará que o bastão resfria em sua mão enquanto queima. Em vez do bastão, dá-lhe à mão uma haste de ferro, um tubo de vidro ou de porcelana, e faze-os aquecer acima de uma mangueira de aspiração de uma lâmpada de prata, ele te dirá, sacudindo a cabeça, que eles se tornam todos frios. A explicação desta anomalia na lei do calórico é simplesmente esta: que a elevação da temperatura, assim como o ato de combustão, desenvolvem o OD.

Introduze na câmara escura um fio de metal, quase da espessura de uma mangueira de palha, de forma que uma extremidade esteja no interior e a outra, fora, passando através da porta, por exemplo; colocarás esta última extremidade sobre um fogareiro incandescente e a aquecerás. Desde que o calor começar no exterior, o sensitivo te anunciará, na obscuridade, a aparição de uma pequena chama luminosa sobre a ponta do fio que está perto dele.

Sem me deter, falar-te-ei da eletricidade, mas em poucas palavras. A sensação predominante que todos os sensitivos indicam, quando são conduzidos para a proximidade de grandes corpos eletrizados positivamente, é o frescor, mas um eletróforo friccionado dá o tépido. Bate fortemente uma placa de resina com a cauda de uma raposa perante teu sensitivo, na obscuridade, e dize-lhe para olhá-la de lado; tu ouvirás: que aí se vê subir um vislumbre labaredante[11], semelhante à cha-

[11] Fr.: *lectrante*, possível corruptela de *léchante*, "lambente, roçante"; esp.: *lectrante*, seguindo o francês, provavelmente interpretando como "eletrante,

ma, de cerca de meio metro de altura; a cauda se assemelhará a um cilindro de uma luzente brancura; a chama da placa desaparecerá ao cabo de alguns minutos, mas enquanto ela flamejar, soltará uma fumaça luzente, que subirá até o teto, ou formará um grande círculo aclarado, como acontece com os cristais e os pólos dos ímãs. Tenho uma enorme máquina elétrica, cujos pés estão postos sobre o assoalho da câmara, assim como o condutor, o todo forma um bastante grande aparelho; quando a máquina está em repouso, os sensitivos médios não veem quase nada na obscuridade; se se põe o disco em um movimento bastante lento para que a luz elétrica não possa se tornar visível, todo o aparelho se torna, no entanto, branco luzente. Alguns sensitivos fizeram a singular comparação dele com um carro carregado de cal, que oferece um aspecto de uma brancura semelhante.

Uma garrafa de Kleist, carregada, aparece-lhes de fora a fora luminosa. Um longo fio de ferro, conduzido pela câmara escura, com as duas extremidades de fora, sobre o qual eu descarreguei uma dessas garrafas por fora, tornou-se, após cada comoção, branco luminoso em todo o seu comprimento, durante quatro a cinco minutos.

No momento da descarga, os sensitivos viram passar, ao longo de todo o fio, com a rapidez do relâmpago, um vislumbre mais claro, do qual me descreveram a exata direção, desde o ponto de entrada do fio até o ponto de saída.

---

eletrizante". No alemão: *leckende*, "lambente, vazante". Em português, o termo "labaredar" (despedir labaredas ou línguas de fogo, cf. *Dicionário Caldas Aulete*) responde a esses sentidos. (N. T.)

Da pilha de Volta, não mencionarei senão este fato: que o fio polar fechado se torna, não somente incandescente, luminoso por si, mas que é ainda rodeado de uma luz em forma de espiral, que gira e jorra vivamente em torno dele. Estar-se-ia autorizado a acreditar que só este fato já deveria excitar os físicos a aí tomarem o mais vivo interesse. O que eles trouxeram à tona com uma extrema sutileza de espírito, cada criança sensitiva poderá, por assim dizer, fazer-lhes a descrição: quero falar do aparelho de Ampère com suas correntes voltaicas. No fim, tu encontrarás, sem dúvida, alguns sensitivos físicos, como eu já encontrei uma dúzia de médicos sensitivos. Mas quanto isso durará? Até que o interesse dos físicos seja posto em movimento. É o que ignoro.

O calórico e a eletricidade são, portanto, poderosas fontes de OD. Mas eu me vejo constrangido a me interditar de desenvolver aqui a riqueza dos fenômenos que eles apresentam; prefiro te conduzir para perto da última e mais importante destas fontes de OD.

Senhor Anschutz, capitão-comandante do serviço da Áustria, um bom sensitivo médio, estava doente, acamado em Baden; sua irritabilidade tinha subido a um alto grau durante a doença; estendido sobre seu leito, privado de sono, ele ficou espantado de ver a fechadura, as dobradiças e a fechadura da porta que estava em face dele, cada vez que as noites eram muito negras; ao passo que era impossível reconhecer outra coisa no quarto. Ele reconheceu que estes objetos tinham um vislumbre, que eles próprios emitiam a luz.

Outros, mas altos sensitivos somente, viram luzir todas as fechaduras dos móveis, todas as chaves, todos os objetos dourados em seu quarto, cada prego das divisórias, e os viram emitir pequenas chamas ou a fumaça luzente.

Eu reuni amostras de vários metais, todos os sensitivos os encontraram, sem exceção, fracamente luzentes; uns mais, outros menos claros, mas eram visíveis a todos. Um armário envidraçado, contendo a prataria de toda espécie, apareceu na obscuridade, e pouco a pouco, todo pleno de um fogo delgado. Quando eu experimentei corpos de um outro caráter, tais como: o carvão, o selênio[12], o iodo, o enxofre, eles foram igualmente encontrados luminosos. O aspecto desses corpos era semelhante à incandescência, como no estado de fosforescência; eles eram como transparentes; podiam-se vê-los em seu interior. Durante essa incandescência, os altos sensitivos notaram, em torno dessas substâncias, a mesma emanação luminosa, semelhante a uma chama e se dissipando nessa fumaça que nós já conhecemos por outras emanações ódicas concentradas.

Aqui, como lá, ela se deixa dividir e dissipar pelo sopro e o movimento do ar, e, em mais de um caso, é apta a aclarar os dedos que seguram esses corpos. As cores não foram encontradas de maneira nenhuma semelhantes, e isto fornece um meio certo para controlar a exatidão das observações. Assim, tudo o que era de cobre foi visto em uma incandescência vermelha, rodeado de uma chama verde; o estanho, o chumbo, o

[12] Fr.: *selonium*, provável corruptela de *sélénium*, "selênio"; esp.: *sodium*, "sódio", aparentemente injustificável; no original alemão: *Selen*, "selênio". (N. T.)

paládio, o cobalto, azul; o bismuto, o zinco, o ósmio, o titânio, o potássio, vermelho; a prata, o ouro, a platina, o antimônio, o cádmio, branco; o níquel e o cromo esverdeados se fundem no verde-amarelo; o vislumbre do ferro, variegado, apresentando as cores do arco-íris; o arsênio, o carvão, o iodo e o selênio, vermelho; o enxofre, azul, assim como os sensitivos médios o viram muitas vezes.

Os corpos compostos eram igualmente luminosos; uns, de uma maneira surpreendente, tais como: a teobromina, branca; o ácido parabânico, de um azul admiravelmente belo; a cal, viva vermelha.

Coloquei muitas centenas de preparações químicas em uma caixa portátil, cujas fileiras eram muito apertadas. Depositei-a na obscuridade, onde a abri para colocar os objetos. Os sensitivos médios não viram senão alguns deles, mas os altos sensitivos os viram todos, sem exceção, mais ou menos luzirem. Após uma mais longa permanência na obscuridade, as paredes mesmas da câmara escura pareceram de um vislumbre esbranquiçado delicado. Isso foi tão longe, que no fim, todos os meus videntes notaram tudo o que estava na câmara como em um crepúsculo. Eles me viram a mim mesmo, que não via absolutamente nada, e me tomaram pelo braço, e me conduziram, com a maior segurança, através das minhas preparações.

Assim, tudo é luz, tudo, tudo! Nós estamos em mundo pleno de matéria luminosa.

Assim como o sol emite uma quantidade de luz extremamente forte, a que emana geralmente de todas as coisas sobre a Terra é extremamente fraca. Os corpos leves, tais como: os algodões, os panos, a madeira, a argila, luzem mais fracamente. Todas as pedras são luminosas.

Entre os corpos amorfos, os metais e as substâncias simples, em geral, são os mais luminosos. Esta fonte de luz de todas essas coisas é mais fraca em intensidade que todas as citadas mais acima; mas, em contrapartida, ela é infinita em extensão.

Esta luz é ÓDICA?.... Ela o é, porque traz todos esses caracteres em si, assim como as influências das sensações de todos os portadores de OD.

Põe metais, à tua escolha, enxofre, iodo, carvão, grafite[13], sobre uma prancheta, e faze colocar o oco da mão esquerda de um alto sensitivo por cima; tu aprenderás que ela se sentirá afetada de fresco ou de tépido, de agradável ou de nauseoso, e mais fortemente por aqueles que luzem mais claramente, menos, por aqueles cuja luz é mais fosca. Dá-lhes alternativamente corpos de todas as formas, sólidos ou líquidos, a descoberto ou fechados em bocais, na mão nua ou enluvada, em cada um, eles serão impressionados diferentemente, mais fresco ou mais tépido, mais agradável ou mais nauseoso, e, entre esses corpos, há os que, por influências acessórias, têm propriedades muito pronunciadas, tais como: o enxofre, o bromo, o bicromato de potássio, o gás oxigênio, o arsênio, o mer-

[13] Fr.: *graptiéle*, provável corruptela de *graphite*, "grafite"; esp.: *grapciela*, adaptando o francês. No original alemão: *Graphit*, "grafite". (N. T.)

cúrio e o cobre; mas, pela sensação, os sensitivos distinguirão e graduarão toda coisa segundo seu caráter ódico.

Assim, o OD concentrado não escoa somente de fontes especiais, mas é um dom geral da natureza, um dinâmide irregularmente partilhado, difundido por toda parte, como o são: o calórico, a eletricidade, a afinidade, o peso; e ele penetra e preenche o universo, do menor ao maior.

11[a] CARTA.

Exemplos tirados do mundo exterior.

Lembras ainda que eu te disse que a mais bela menina fugia, por vezes, do espelho? Encontraste a explicação deste singular fenômeno no conteúdo de minha última carta. O mercúrio é um desses metais que reagem o mais frequentemente pelo tépido nauseoso sobre os homens sensitivos. Se um desses seres se aproxima de um espelho de grande dimensão, ele sentirá a dolorosa influência do mercúrio difundida sobre todo o seu corpo; parecer-lhe-á que um sopro tépido e repugnante vem a ele; sente-se repelido, e se quiser resistir, terá mal no estômago, na cabeça, vomitará mesmo e se encontrará forçado a sair. Isto vai tão longe, após uma certa experiência, que a repugnância dos altos sensitivos vai até o horror diante de um espelho. – Eles o cobrem, se não o podem afastar. Queremos também lançar um olhar retrospectivo sobre o desgosto que as colheres de *paktong*, alpaca, e de prata da China inspiram. O cobre, que faz uma parte integrante em todas essas composições, tem o privilégio de ser um corpo fortemente ódico, que reage de uma maneira muito tépida, nauseosa e repugnante. Que se o prateie, pela galvanização, tanto quanto se queira, de nada adianta. O cobre age odicamente através; ele se torna insuportável aos sensitivos médios e produz bastante frequentemente, entre os altos sensitivos, males de estômago, até mesmo cãibras ao longo do tempo e o tétano. Já ouvi dizer bastante frequentemente, de damas sensitivas, que elas não suportam os dedais de costura em metal, e que se servem forçosamente dos de marfim; que não podem portar jóias, porque lhes causam dores; que não podem usar busques nem pentes de aço, que lhes é mesmo impossível portar grampos em seu cabelo; tudo isso vem da reação ódica, tépida, nauseosa. As argamassas de cobre amarelo, os utensílios de cozinha em cobre e os ferros de passar são objetos de horror para as sensitivas que se ocupam do serviço de limpeza.

O estimável Sr. Fichtner, fabricante em Atzgersdorf, perto de Viena, fez afastar todos os utensílios de cobre de sua cozinha. Ele sofria, comendo, bebendo, com pratos preparados nos vasos de metal. Podem-se esconder os metais dos altos sensitivos cobrindo-os com papel, roupa ou toda outra cobertura leve; eles estarão sempre em condições de te dizer onde os metais se encontram, pela simples sensação do oco de sua mão esquerda.

A nona destas cartas, em que eu te falava da fricção da água e do Sr. rabdomante, não te volta involuntariamente à memória? Suponhamos que, a uma pequena profundidade da superfície do solo, em uma caverna, por exemplo, haja uma certa quantidade de metais ou de prata enterrada; nesse caso, não há dúvida de que um alto sensitivo os descobrirá mais facilmente, pela sensação, e mais depressa do que os meus sensitivos médios levaram de tempo para descobrir o conduto de água em meu parque. Pensa, agora, na posição de um respiradouro de minério de plumbagina, de cobre amarelo, de prata, e tais que se encontrem escondidos a poucos pés de profundidade na ganga, e que um alto sensitivo venha a passar por cima, com alguma atenção; poderás, de acordo com o que sabes agora, duvidar um momento de que ele sentirá, e que indicará com exatidão o local da jazida? Mas outros, como os respiradouros de leitos hulhíferos, agirão diferentemente sobre um homem muito impressionável pelo OD, como o arenito e a argila xistosa, que lhes serve de ganga. Quando, antes de tudo, ele tiver observado e se penetrado da sensação ódica que as massas de hulhas produzirão sobre ele, reconhecerá de imediato, quando passar por cima, um leito desse gênero.

Nenhum outro homem poderá observar o traço disso; mas um alto sensitivo dirá, com a maior precisão: aqui ou ali, sob a terra, encontra-se tal ou tal minério, e a escavação justificará esta aparente maravilha, que até aqui pareceu tanto mais surpreendente, quanto aquele mesmo que encontrou o minério, e ainda outras pessoas, seriam incapazes de explicar isso satisfatoriamente.

A maravilha está, no presente, desvelada. Ela não é outra que uma pura influência física do dinâmide do OD, sobre o sistema nervoso do homem; ele age como um sentido obscuro, do qual se está fora de condições de poder dar a explicação. Uma multidão de acidentes instintivos, entre os animais, encontrará sua explicação da mesma maneira que aquelas que eu dei dos minerais e dos que os descobriram.

Eis-te, meu amigo, em plena posse dos últimos segredos da vareta divinatória. Não da vareta no sentido da palavra, e sob o aspecto de seu movimento ascendente e descendente, de seu rodopio e toque – tudo isso não era senão o passe de mágica da coisa para a multidão, a cujas questões os descobridores eram forçados a dar alguma coisa de palpável; – mas da verdadeira essência da coisa que esteve profundamente escondida até aqui.

Tu notarás, por tudo o que precede, que grande significação prática a sensibilidade adquiriu, e a que papel ela está destinada. Os sensitivos, entre os quais é preciso classificar os da cadeia extrema, os catalépticos, os lunáticos e os noctâmbulos, serão logo procurados, comprados e pagos como os benfeitores de sua região e de seu país.

Esta descoberta promete um grande ímpeto na exploração das minas, não somente com relação às descobertas de novas jazidas de minério, mas também para o trabalho interior das minas, quando se perseguem os filões, que se perdem ou que acabam. A quem se dirigir para encontrar um novo sulco ou um novo ninho? Onde é preciso procurar um novo veio, sobre as divisórias verticais ou sobre os leitos orientais?

A arte do minerador nos faz frequentemente dar um passo em falso sobre todas estas coisas; mas um sensitivo, bem exercitado nas sensações ódicas, encontrará, no momento mesmo, o verdadeiro depósito.

O tato sensitivo é suscetível de enormes aperfeiçoamentos; se me chegam novos sensitivos, suas indicações são, algumas vezes, bem incertas; após três ou quatro sessões, tudo ganha em clareza e em precisão. Exercitar mais longamente essas sensações dá a pontualidade e a agilidade. Eu tenho sensitivos médios que, por uma prática de seis a sete anos, têm uma fineza de discernimento que ultrapassa frequentemente a dos altos sensitivos novos. Esse gênero de homens poderá ser de uma grande utilidade para descobrir a mistura fraudulenta de certos artigos. No presente já, uma pessoa boa sensitiva está facilmente em condições de distinguir o ouro ou a prata puros dos que são misturados com cobre. Poder-se-á aperfeiçoá-las de tal forma, que será fácil reconhecer todas as misturas. Assim, nas farmácias, distinguir-se-á se os medicamentos conservaram seus princípios ativos ou se os perderam. Mais tarde, far-te-ei talvez ver que surpreendente descoberta se pode obter perto dos doentes, pela simples sensação de sensitivos saudáveis.

12ª CARTA.

Transmissibilidade ódica, condutibilidade, a aproximação.

Tu conheces, no presente, as principais fontes de OD tanto quanto eu tive sucesso em descobri-las. Os cristais, o sol e a lua, os ímãs, as plantas, os homens, a química, aí compreendidas a fermentação e a putrefação, o som, a fricção pelo movimento da água, o calórico, a eletricidade e, em último lugar, todo o mundo exterior, o todo segundo as gradações de suas forças, todos manifestam os fenômenos visíveis e palpáveis que nós não podemos classificar junto de nenhum dos dinâmides conhecidos; mas eles apresentam um ponto de vista geral pelo qual se pode reconhecer sua relação, o que faz com que eles devam estar sujeitos à lei física existente por si. Vamos agora examinar o princípio que se deve presumir dever lhe servir de base, segundo algumas de suas propriedades.

A primeira que abordamos é a de sua transmissão de um corpo sobre um outro, isto é, sua transmissibilidade. Um corpo que está quente ou eletrizado comunica o calor àquele com o qual é posto em contato ou o eletriza; diz-se então:

os dinâmides podem ser transmitidos. Dá-se o mesmo com OD. Viste que um copo de água adquiriu propriedades ódicas, quando foi segurado contra os pólos dos cristais ou dos ímãs, ou quando foi posto em relação com um tubo de vidro friccionado, ou colocado na luz do sol ou da lua, ou bem nas cores branca e vermelha do arco-íris. Mas podes substituir a água por todo outro corpo que te aprouver. Pega um pedacinho de madeira, um novelo de linha, teu relógio, um pires de porcelana, uma pedrinha, um torrãozinho de açúcar, tudo o que te cair por acaso entre as mãos. Faze primeiro manter essas coisas durante alguns momentos nas mãos de um sensitivo para examiná-las, põe-nas em seguida durante alguns minutos diante de um pólo emitindo o OD, depois recoloca-os na mesma mão do sensitivo; ele encontrará tudo mudado e dirá que os recebeu de volta mais frescos ou mais quentes, e nota bem que ele os encontrará exatamente mudados no sentido no qual a fonte de OD tiver agido sobre o objeto que tu querias expor à experiência e não no sentido oposto, como o produz, em semelhante caso, o magnetismo no ferro. Nada mais tem lugar, senão que o pólo emitindo o OD pôs no mesmo estado ódico, de que ele estava saturado, o objeto indiferente que se colocou em seu centro de atividade. Isto é uma transmissão--transmissibilidade que se deve bem distinguir com indução. A primeira é uma influência ódica, a última é particularmente uma maneira de influenciar magneticamente os corpos. Os diferentes copos de água que viste expostos a diferentes fontes de OD foram carregados de OD; e o carregamento que se opera neles deve ser considerado como análogo ao que tem lugar em um copo de água quando se aquece a água ou quando se a resfria; é a mesma água, nada de palpável aí entrou, ela não sofreu senão uma mudança dinamística assaz notável, uma mudança que agiu sobre o sentido do gosto. Podes fazer a mesma experiência sobre a luz. Conduze um fio de cobre por uma extremidade à câmara escura, deixando a outra extremidade de fora, no dia; colocarás sucessivamente contra esta extremidade um forte pólo de cristal, um pólo de ímã, uma de tuas mãos, ou passa uma lima por cima, ou enfia-o num vidro no qual farás dissolver por fração um pó aeróforo, ou segura-o por cima de um fogo de carvão, um põe-no na esfera do divisor do condutor elétrico. Em todos estes casos, teu sensitivo verá luzir o fio na obscuridade e verá jorrar de sua extremidade uma pequena chama fumegante misturada de centelhas, por tão longo tempo quanto continuares tua ação sobre o fio. O OD transportado sobre o fio o fará luzir mais, e jorrará da extremidade de uma maneira visível ao olho sensitivo em se dispersando no ar. Da mesma maneira, sai constantemente da extremidade de teus dedos e da extremidade de teus dedos dos pés, e de todo o teu corpo, uma emissão ódica que sobe no ar. Essa fuga não é outra que uma verdadeira transmissão de OD sobre o ar. Uma das mais fortes transmissões deste gênero se faz pela respiração de tudo o que vive. Como há uma enorme atividade química nos pulmões, o OD se põe em movimento segundo sua regra e se transporta sobre o ar que se respira, para ser, em seguida, expirado fortemente carregado.

Cecília Bauer, a mulher de um alberguista, em Viena, forte e perfeitamente sã, mas muito sensitiva, narrou-me com certa ansiedade que, quando ela acorda durante uma noite bem sombria em que nada pode reconhecer, vê sempre seu marido adormecido e seu filho deitados ao lado dela como luzentes, e que, a cada respiração, nuvens de vapor luzente se elevavam de suas bocas. Isto é o alento carregado de OD que quase todos os sensitivos veem, na obscuridade, manar de suas bocas como a fumaça de tabaco.

Reporta-te, no presente, à minha primeira carta, ao ônibus ou ao trem onde um sensitivo está apertado entre outras pessoas, e ao qual a reação do OD isônomo se tornou dolorosa. Isso provém de que o ar no espaço fechado e apertado se muda e se satura em pouco tempo do OD que sai de todos esses corpos humanos e que vem de sua respiração. O sensitivo não pode dele respirar senão segundo a necessidade de sua natureza, sem receber o ar que dele está carregado. Imagina agora a posição do infeliz, quando se lhe recusou manter um vidro aberto? Ele está na tortura, e ninguém reconhece sua pena; doravante, tu lhe oferecerás tua compaixão e teu socorro. Parecer-te-á também claro por que um alto sensitivo não pode permanecer nas reuniões compactas, sobretudo, em salões onde os tetos são pouco elevados. O ar aí é logo saturado de OD; ele se torna inquieto, sufoca, e o menor motivo o torna de mau humor, irritável e magoado se não pode fugir; quanto mais é forçado a ficar, mais estará indisposto. Acontece o mesmo aos sensitivos em sua cama; mediante suas próprias emanações ódicas, eles carregam os travesseiros, os cobertores e a cama, que se tornam logo nauseosos e inquietantes; eles se viram e se reviram durante toda a noite, atirando para baixo seu cobertor, e não encontrando o repouso senão quando estão totalmente descobertos.

Um alto sensitivo é sempre um ser agitado; ele literalmente *tem um mau dormir*, e deve tê-lo por natureza; ele próprio carrega todos os seus trajes, isônomo-odicamente, pelos membros que eles recobrem. Os trajes e os membros carregados isônomo-odicamente reagem reciprocamente uns sobre os outros pelo tépido nauseoso. O sensitivo sofre, portanto, no estado de repouso e não encontra alívio senão no movimento, pela expulsão do OD no ar; é por isso que ele não suporta senão um vestuário leve e que tudo lhe pesa. Ele tem a contínua necessidade de mudar de posição e de ocupação.

O OD se deixa não somente transportar sobre todos os outros corpos, ele se deixa também conduzir através dos corpos. Já passamos em revista uma dessas experiências, quando teu sensitivo segurou um bastão na luz do sol; o OD do raio solar passou através do bastão para sua mão. Mas faze um bastão artificial, juntando a um bastão de madeira uma haste de metal, adiciona a esta uma vela de cera, e finalmente prende aí um cordão de seda; dá esta haste composta de quatro elementos, pela extremidade de madeira, à mão esquerda do sensitivo. Quando ele a tiver segurado durante meio minuto, apodera-te do cordão de seda com teus dedos da mão direita. Após alguns segundos, aprenderás que a haste se torna fresca. Se, em vez disso, pega-a com os dedos da mão esquerda, haverá reversão e ela se tornará tépida. Põe o cordão de seda sobre pólos de cristais, no íris, ao luar, num pó aeróforo, sobre o enxofre, por todos esses lados tu atrairás as influências correspondentes à fonte de OD, que chegarão por esses diferentes condutores à mão sensitiva. Podes também compor condutores de enxofre, de vidro, de seda, de resina, de guta-percha e com todo corpo idioelétrico que te aprouver, eles serão todos tão bons condutores de OD quanto os metais; não há isolantes para esse dinâmide, e é aí que reside a dificuldade que ele opõe a toda pesquisa. Não é mesmo necessário que tu ponhas a haste da mão do sensitivo em relação com os portadores de OD pelo contato; basta a simples aproximação. Coloca-lhe um tubo de vidro na mão e aproxima, na outra extremidade, a ponta de teus dedos, sem tocá-lo absolutamente; logo aprenderás que produzes uma influência, mais fraca, na verdade, sobre o tubo e a mão sensitiva, mas igual em qualidade. Coloca um pólo de cristal, uma pele de gato, o bicromato de potássio, um pedaço de enxofre, uma garrafa de mosto de vinho em fermentação na proximidade do tubo, e a mão sensitiva perceberá imediatamente a reação que disso provém. Isso está conforme com as emissões luminosas de todas essas fontes de OD. Bons condutores, tais como os metais, o vidro, a seda, tornam-se luminosos por cada forte carga ou condução através dos corpos, e se rodeiam por toda sua extensão de uma atmosfera de vapor luzente, quer se tenha agido sobre eles por um contato real ou simplesmente por aproximação.

13ª CARTA.

O dualismo ódico.

Por toda parte onde se lança seu olhar na natureza, encontram-se duplas oposições. Elas não faltam, tampouco, sobre o terreno que percorremos aqui. Já as encontraste entre os cristais, entre os ímãs, sobre as duas metades dos animais e dos homens, onde se os percebe sempre, de um lado, com um vislumbre ódico vermelho-amarelo e sensações tépidas-nauseosas, e, do outro lado, com a cor azul e o frescor. Esta oposição aparece frequentemente nos fenômenos ódicos; ela pertence à essência desse dinâmide.

Tomemos, desta vez, os corpos simples por ponto de partida. Dá, sucessivamente, um frasco contendo potássio e um outro com enxofre em pó na mão esquerda de teu sensitivo. Ele logo te dirá que o primeiro é tépido e nauseoso, e o outro, fresco e agradável. Faze o mesmo com o sódio, o ouro, a platina, o mercúrio e o cobre, de um lado; e do outro, com o selênio, o iodo, o fósforo[14], o telúrio e o arsênio; os primeiros

[14] No texto alemão, esta lista inclui, entre o iodo e o telúrio, o fósforo (... ***Iod Phosphor Tellur*** ...). O francês e o espanhol o omitem. Introduzimo-lo aqui. (N. T.)

serão tépidos-nauseosos, e os outros, frescos. Poderás utilizar esta diferença graduada na força ódica dos corpos simples para deles fazer uma série em que o potássio estaria em um extremo, como o mais tépido-nauseoso, e no outro, o oxigênio, o corpo mais fresco; examinando bem esta série, notarás com espanto que ela se encontra, com fracas diferenças, perto daquela da qual os químicos se serviram para o oxigênio, segundo as forças da afinidade, e que denominam a série eletroquímica. Nós chegamos, por um todo outro caminho, ao mesmo resultado com esta série que se assemelha à primeira, e devemos denominá-la série OD-química.

Não é bem surpreendente que uma simples menina sem conhecimento seja capaz de classificar e pôr em série, no tempo de uma hora, o conjunto dos corpos simples, quando os espíritos mais distintos, e os maiores sábios de nosso tempo gastaram nisso mais de meio século de esforços, de perseverança e de penetração? O grande Berzelius, o criador do sistema eletroquímico, sentiu isso muito bem, quando, em Karlsbad, no ano de 1845, eu lhe forneci as provas. Mas, desde sua morte, os químicos sobreviventes não julgaram mais essa bagatela digna de sua atenção. Um fisiologista teve mesmo a coragem de acusar o falecido Berzelius de ter tido o espírito enfraquecido pela idade, quando pôs publicamente os resultados de minhas pesquisas sob sua enérgica proteção[15]; e, para vir em ajuda à insolidez de seu próprio julgamento, teve, nem

[15] Neste ponto do texto alemão, Reichenbach põe uma nota de rodapé informando que o autor desta crítica era o renomado fisiologista alemão Emil du Bois-Reymond (1818-1896), que a escreveu no *Fortschritten der Physik*, III, nº 401. As versões francesa e espanhola omitem esta nota. (N. T.)

mais nem menos, a necessidade de dar a garantia incisiva de que Berzelius tinha quase perdido a razão.

Os corpos amorfos, cada um por si, não mostram nenhum sinal de dualidade nesta série ódica; é preciso considerar cada um em particular como unipolar, da mesma forma que a doutrina sobre a eletricidade faz a respeito do sabão, mas considerados em massa, e tomados como unidade coletiva de todas as substâncias; a oposição citada segundo a qual sensações tépidas-nauseosas se produzem num dos extremos na mão do sensitivo, e sensações de frescor no outro, está bem estabelecida. A polaridade ódica no mundo exterior está constatada. E como as substâncias tépidas da esquerda são eletropositivas, e como as frescas são eletronegativas, sou constrangido, para agir no mesmo sentido e de uma forma consequente, a denominar os primeiros OD-positivos, e os últimos, OD-negativos. Entre os corpos compostos, encontrei os álcalis e os alcaloides, e tudo o que é marcado de seu caráter od-positivo; em contrapartida, os sais haloides, a pluralidade dos óxidos e os ácidos, od-negativos. As substâncias orgânicas, tais como as gomas, o amido, vários óleos e a parafina[16], ficam quase no meio. Entre os cristais, encontrei que o ponto sobre o qual eles fizeram seu crescimento era sempre tépido-nauseoso à esquerda e de um vislumbre amarelo-vermelho, e que eram frescos e de um vislumbre azul nos pontos do alto. Pode-se perseguir esta regra até nas cristalizações filamentosas, e nas solidificações em que a forma do cristal é quase

[16] Fr.: *sarafine*; esp.: *sarafina*, corruptelas. No alemão: *Paraffin*, "parafina". (N. T.)

imperceptível.

A base dos cristais é, portanto, OD-positiva, e a ponta, OD--negativa.

Os ímãs, quando são dirigidos ao pólo sul à esquerda, são tépidos e de um vislumbre vermelho: assim, OD-positivo aqui. E, ao pólo norte, fresco e de vislumbre azul: por conseguinte, OD-negativo. Alguns físicos, não todos, declaram o ponto ao pólo norte da bússola magneto-positivo, sem bem determinarem a causa; mas, segundo os resultados ódicos, tenho bem lugar para duvidar disso.

Os corpos OD-positivos e eletropositivos andam juntos, como o vimos; os magnetopositivos devem ir, da mesma forma, com eles. Por conseguinte, o pólo da bússola dirigido ao norte, que reluz azul, não pode ser senão magneto-negativo.

O calórico, a química e o som produziram, pelas experiências feitas até o presente, apenas fenômenos OD-negativos, e a fricção, apenas OD-positivos. É necessário estender aqui ainda as experiências para a justificação das oposições ódicas. A luz polarizada do sol é OD-positiva na parte que é atravessada, e OD-negativa naquela em que é repelida.

Os raios vermelhos, amarelo escuro e amarelo do espectro, assim como os que são de vermelho para baixo, são todos OD-positivos; os raios azuis, violetas e os raios químicos são OD-negativos. Dá-se o mesmo com o espectro lunar e também com o fraco espectro de uma lâmpada argandiana[17].

[17] Fr.: *lampe d'argand*; esp.: *lámpara de argan*. No alemão: ***Argandschen Lampe***, "lâmpada argandiana" ou "lâmpada de Argand", assim chamada em referência a Aimé Argand, que a inventou em 1780. (N. T.)

Os animais e o corpo do homem, em particular, são positivos ódicos, sobretudo, no lado esquerdo, desde o alto da cabeça até os dedos do pé. São negativos, sobretudo, no lado direito. Isto se faz muito melhor notar pelas extremidades dos pés e pela ponta dos dedos, e de preferência nas raízes das unhas, no ponto da mais viva atividade orgânica de toda a mão.

Assim, o homem é polarizado segundo seu comprimento, mas ele possui ainda outros eixos ódicos de uma menor aparência; um eixo longitudinal e um eixo diametral; sou bem forçado a me interditar essas demonstrações pela pouca extensão destas cartas. Fortalece tudo isso cada vez mais em tua convicção por algumas simples experiências.

Põe uma folha de papel fino de cor azul média diante de um sensitivo, e dize-lhe para olhá-lo alternativamente, ora com o olho esquerdo, ora com o olho direito, cobrindo-se a cada vez o outro olho. Ele encontrará o olhar com o olho esquerdo agradável, e o com o olho direito, desagradável. O olho esquerdo é OD-positivo: a cor azul age, como já o sabes, OD-negativamente. Se agentes heterônomos se encontrassem, eles produziriam uma sensação agradável. No outro caso, em que o olho direito olhasse para o azul, os dois agentes isônomos produziriam sensações nauseosas. Controla esta experiência com uma folha de papel amarelo-laranja, por toda parte tu obterás o mesmo resultado, mas ela será em sentido inverso com os olhos opostos. Vês, assim, por esta experiência delicada, que a sensação nauseosa da cor amarela e a agradável da cor azul repousam, particularmente, em que os sensitivos a recebem pelo olho esquerdo, e que a ação deste lado é cientemente predominante sobre a direita.

Olha com teu olho direito, durante um pouco de tempo, para o olho esquerdo de um sensitivo, ele nada terá a te objetar; bem entendido que os olhos opostos estarão cobertos durante este tempo. Olha, agora, com teu olho esquerdo, ele se tornará imediatamente inquieto, poderá suportá-lo, com dificuldade, apenas meio minuto; e se quiseres forçá-lo, ele se irá.

É um alto sensitivo? Um tão curto olhar agirá tão fortemente sobre ele, e tão contrariamente, que, depois disso, ele não verá mais nada por este olho durante alguns segundos; se se quiser forçá-lo a persistir, acontecerá várias vezes que ele será constrangido a vomitar.

O olhar esquerdo no olhar esquerdo é uma conjunção isônoma que se torna sempre insuportável.

Há um dualismo ódico na oposição dos dois sexos, e pode-se reconhecê-lo?

Fiz esta questão à natureza pelo intermédio da experiência seguinte:

Coloquei na frente de uma mulher sensitiva um homem e uma mulher, e lhes entreguei a ambos um copo de água na mão direita; após seis minutos, tempo necessário para *odicar* a água negativamente, fiz degustar a água dos dois copos à sensitiva, ela os encontrou ambos frescos, mas a da mão do homem mais fresca e mais agradável que a da mão da mulher.

Depois, coloquei os dois na frente de um homem sensitivo, e procedi da mesma forma. Mas este encontrou a água da mão da mulher mais fresca. Vês claramente que o homem e a mulher se encontram em oposição OD-polar.

Notaste que, em todas as minhas experiências sobre a sensação, sempre me servi da mão esquerda dos sensitivos, e não da direita. Podes agora conhecer a razão disso.

O fresco e o tépido não são influências absolutas de excitações exteriores sobre o sensitivo, são apenas relativas, e são aplicáveis apenas a um lado de seu corpo. A sensação é inversa do outro lado. Para não fazer confusão em minha exposição, dirigi todas as minhas experiências sobre um só lado, particularmente sobre o esquerdo, porque, em regra, as influências são mais fortes, elas têm mais clareza deste lado, e são mais nitidamente aparentes. Eu poderia muito bem ter escolhido a direita, os resultados teriam sido os mesmos, somente com vislumbres e sensações inversos.

14ª CARTA.

O espectro da luz ódica, a luz polar da Terra.

A magnificência do arco-íris, que se mostra no esplendor do dia, frequentemente já aqueceu teu coração; quero empreender te conduzir para perto de um arco-íris na obscuridade da noite.

Um sensitivo fraco nada mais percebe, na obscuridade, nos dois pólos dos cristais, que uma nuvem indecisa, acinzentada, um vislumbre turvo no meio da obscuridade. Um sensitivo médio distingue que a claridade em um pólo é azul-cinza, e no outro, amarelo-vermelho, exatamente como sua mão direita e sua mão esquerda. Um alto sensitivo reconhece, enfim, que esse azul e esse amarelo não são cores simples, mas que em seu interior palpitam ainda confusamente muitas outras, tais como o verde, o vermelho, o laranja, o violeta, e que cada uma das duas chamas polares, vista mais exatamente, apresenta um quadro de cores variadas; mas está bem entendido que as últimas aí não figuram senão como acessórias, como manchas coloridas, subordinadas ao azul geral de um, e ao vermelho geral do outro pólo.

Weidlich (Frederico), marinheiro inválido (fevereiro de 1846), foi o primeiro a me chamar a atenção para o fato de que as cores não jogam sempre umas através das outras por um movimento agitado, mas que elas se superpõem e se coordenam tranquilamente, quando não eram perturbadas pela corrente de ar produzida pelos movimentos e o alento. Quando me informei sobre a ordem de seu jazimento, aprendi que o vermelho, mesclado de muita fumaça, depositava-se sempre no mais baixo; vêm em seguida o amarelo-vermelho, o amarelo escuro, o amarelo fosco, o amarelo canário fundindo em verde, passando ao azul, primeiro ao azul claro, em seguida ao azul sombrio que aparece primeiro em alto vermelho-violeta, o que, enfim, perde-se em um vapor cheio de fumaça, e que tudo é emaranhado de quantidade de centelhas claras, luzentes, ou estrelinhas. O que aprendi por este homem me foi dito por muitos sensitivos em milhares de experiências noturnas. Mas isso é outra coisa, se não a ordem das cores do espectro prismático? A aparição de um Íris aclarado na obscuridade absoluta... Que maravilhoso aspecto! Todos os altos sensitivos o retratavam como a coisa mais admirável que tinham visto em sua vida.

Coloquei uma forte haste imantada, perpendicularmente, com o lado do pólo sul para o alto, um matiz avermelhado dominou todas as cores do arco-íris, que se depositavam tranquilamente sobre ele. Eu a inverti para dirigir seu pólo norte para o alto; um vislumbre azulado cobriu o íris temperado. O corte lateral entre os dois pólos da haste era de 27 milímetros quadrados; para estreitar esse plano, pus uma coifa pontiaguda de ferro por cima. A emanação luminosa se tornou mais magra, mais luzente e mais longa, mas a ordem do arco-íris persistiu. Pus, no lugar da coifa, uma ponta de dois braços, e a luz se emanou por ambos, mas por um ela foi toda azul, e pelo outro, amarelo-vermelha. Finalmente, aí coloquei uma coifa de quatro braços, e cada um fez ver uma luz de uma outra cor; a primeira trazia uma faísca azul, a segunda, uma amarela, a terceira, uma vermelha, a quarta, uma esbranquiçada-cinza. Todas as quatro se elevaram perpendicularmente, umas ao lado das outras, pelos quatro lados da haste. Tive, portanto, sucesso em fazer a separação de algumas cores desse enigmático Íris, e torná-las, por assim dizer, cada uma independente das outras. Se eu girasse a haste lentamente sobre seu eixo vertical, as cores não a seguiam, elas permaneciam em seu lugar; e quando o braço que trazia originalmente a pequena chama amarela tinha chegado ao ponto onde aquela com a cor azul se encontrava primeiro, a amarela tinha passado ao azul, o azul ao cinza, o cinza ao vermelho. As cores não estavam, portanto, na única dependência da haste, elas estavam numa outra relação; o que me foi logo possível reconhecer. Eram os quatro pontos cardeais que exerciam sua influência sobre as cores da haste. A luz azul estava sempre sobre o braço que era dirigido ao norte; a amarela, sobre aquele ao oeste, a vermelha, sobre aquele ao sul, e a cinza-branca, sobre aquele ao leste. Por mais que eu girasse a haste, com seus quatro braços, de uma forma ou de outra, as cores não saíram, e permaneceram na mesma direção do céu, uma na frente da outra. (A. – Ver no fim da obra.)

No lugar dos quatro braços perpendiculares, eu coloquei uma placa quadrada de ferro, de 33 centímetros, sobre a haste imantada vertical; nem bem ela foi colocada sobre o pólo, as luzes coloridas se elevaram dos quatro cantos, como tinham subido pelos quatro braços verticais, e a bela imagem do arco-íris saiu das trevas. A luz se emanou toda em torno da placa. Partindo do norte, ela passou por todas as nuanças do azul para todas as do verde; ao oeste, para as do verde-amarelo e do amarelo-vermelho-laranja; ao sul, ela foi vermelho-escura, depois cinza-vermelha; ao leste, ela foi cinza; uma faixa de negro se fez ver bastante isoladamente a nordeste; aproximando-se do norte, os matizes azuis reapareceram.

Eu fiz construir uma bola oca de ferro, bastante grande para poder abraçá-la inteiramente com os braços, e a suspendi por um cordão de seda no meio de minha câmara escura. Em seu interior e através dela, fiz colocar verticalmente uma haste de ferro evolvida de um fio de cobre sêxtuplo, que eu podia pôr em relação com um aparelho de Volta, composto de zinco e de bandejas de prata, segundo Smee e Young. No momento em que eu convertera a haste em eletroímã, meus sensitivos viram a bola suspensa luminosa, em cores variadas, sair das trevas; toda a sua superfície brilhava na luz do arco-íris; as seções da bola ao norte estavam azuis de pólo a pólo: aquelas a noroeste estavam verdes a oeste, amarelas a sudoeste, amarelo-vermelhas ao sul, vermelhas ao sudeste, vermelho-cinzas ao leste, cinzas a nordeste, raiadas de vermelho com retorno ao azul. As cores formavam visivelmente linhas delicadas, uma ao lado da outra, separadas por uma linha um pouco mais escura. Toda a bola estava mergulhada em uma esfera de vapor de um vislumbre delgado; a metade superior, OD negativa, possuía por toda parte uma aparência azulada, mais pronunciada sobre todas essas cores.

A inferior, OD positiva, uma mais avermelhada: do alto do pólo onde se encontrava o pólo norte do eletroímã, elevava-se uma colônia de luz da nuança azul, que ultrapassava a bola da altura de uma mão, curvava-se então para todos os lados, semelhante a um guarda-chuva aberto, e se difundia por cima de toda a superfície da bola, a uma distância de 5 centímetros e 40 milímetros, até 8 centímetros. O pólo de baixo, o pólo sul, representava um ramalhete de fogo parecido, de um vislumbre avermelhado, subindo ao redor de toda a bola. Os dois se espalharam e se perderam antes de ter atingido o equador da bola.

É fácil ver que, por esta bola, propus-me imitar um pequeno globo terrestre, com um pólo norte e um pólo sul, adornados das forças magnéticas que lhe pertencem, e postos à prova da luz ódica. Nota-se, com efeito, que os resultados se assemelham de uma maneira espantosa aos da luz boreal, e aos do pólo sul de nosso planeta.

Comparando mais exatamente ainda os dois fatos, chega-se a aproximações de tal forma exatas, que se pode admitir, como extremamente verossímil, que a aurora boreal é a luz ódica positiva. Vemos, portanto, que todos os fenômenos da luz ódica não são unicolores, mas que, observando-os com atenção, eles se resolvem em um Íris regular.

15ª CARTA.

O magnetismo terrestre e o Od terrestre.

Se o jazimento das cores da luz ódica é determinado pelos quatro pontos cardeais, como o viste por minha última carta, estes devem conter alguma coisa que está em relação íntima com o od.

Se um pequeno ímã de bolso, em virtude de seu valor ódico, já tem a influência sobre essas coisas, salta aos olhos que o magnetismo que sai de um enorme foco, como o globo terrestre (entendo o magnetismo terrestre), deve exercer a maior influência sobre os fenômenos ódicos de nossa esfera em geral e sobre cada um em particular. Essa influência não é outra que o OD que acompanha por toda parte o magnetismo e que, por conseguinte, está também em relação com os pólos terrestres magnéticos de onde parte sua ação para todo o planeta.

Poder-se-ia chamá-lo o OD terrestre.

Vimos que o pólo do ímã que dá à mão esquerda o frescor ódico, como o fazem os corpos eletronegativos, volta-se para o lado norte se lhe deixarmos a liberdade do movimento na bússola. Fomos obrigados a reconhecê-lo como negativo, assim como o od que lhe é inerente. E como o pólo da Terra que o atrai nesta direção não pode ser heterônomo, disso se segue que o pólo norte da Terra deve ser *od* positivo, e o pólo sul, *od* negativo. Segue-se, ademais, que todo o lado norte da metade da Terra deve ser *od* positivo, e, em contrapartida, o do sul, *od* negativo.

Vamos, de seguida, disso fazer uma aplicação muito aproximada na vida diária. Em minha primeira carta, já provoquei tua atenção sobre o fato de que todos os sensitivos não podem dormir sobre o lado esquerdo, mas, então, somente se eles deitam sobre a direita. Tenho a coragem de emitir aqui minha plena convicção: é que não se dará o mesmo na Nova Holanda[18], no Chile e Buenos Aires, ao contrário, todos os sensitivos desejarão aí dormir apenas sobre o lado esquerdo. Na vizinhança do equador, ser-lhes-á indiferente deitar sobre a direita ou sobre a esquerda. É preciso bem que seja assim. A Terra é *od* positiva ao norte. Opõe sobre o lado esquerdo, igualmente od positivo, de um sensitivo, isso fará uma conjunção isônoma que ele não suportará. Ela produz o tépido nauseoso, inquieta e provoca a insônia. Mas deita teu impressionável amigo sobre sua direita *od* negativa; então, a falsa posição cessa, a conjunção heterônoma tem lugar. Lado negativo e solo positivo estão em face um do outro, e tudo volta ao repouso e ao bem-estar. O sensitivo adormece sem tardar. O caso é inverso sobre o hemisfério do sul. Encontras aí uma

[18] Nome de uma antiga colônia holandesa no nordeste brasileiro, cuja capital correspondia a uma parte do que hoje é a cidade de Recife. (N. T.)

profunda prova de uma coisa, em aparência, muito superficial que a patologia poderá registrar.

Citarei, de passagem, um caso semelhante, mas que é de uma importância maior. Por falta de espaço, eu nada te disse da propriedade ódica do eixo longitudinal do homem. Suprimindo a citação de provas, dir-te-ei brevemente que encontrei o homem, na parte alta, perto do cérebro, *od* negativo, e no baixo, perto do ventre, *od* positivo. Isto posto, peço-te colocar quatro cadeiras no meio de uma câmara. Dirigirás as costas de uma magneticamente para o norte; a da segunda, para o oeste, a terceira, para o sul e a quarta, para o leste. E pergunta a um bom sensitivo se lhe é indiferente repousar, durante algum tempo, sobre uma ou outra destas quatro cadeiras. Quando as tiver ensaiado todas, ele te dirá que se encontra melhor, na opinião dele, sobre aquela em que suas costas estão voltadas para o norte e seu rosto, para o sul, e que estaria pior sobre aquela em que suas costas estivessem voltadas para o oeste e o rosto, para o leste.

Passarei por cima das propriedades das outras cadeiras, mas te convidarei a ouvir esta experiência referente à cama de teu sensitivo. Que ele se deite; depois, impele-o com sua cama, sucessivamente, para os quatro pontos cardeais. Aprenderás em breve que ele não encontra o bem-estar senão na posição em que sua cabeça está dirigida para o norte e os pés, para o sul. A explicação é palpável. A parte superior da metade do corpo é, relativamente ao eixo longitudinal, *od* negativa e o pólo norte da Terra, *od* positivo: se eles estão voltados um em face do outro, isso faz uma conjunção heterônoma, por conseguinte, agradável. A parte inferior da metade do corpo é *od* positiva, e faz com o pólo sul negativo da Terra uma oposição heterônoma; toda outra posição, seja sentado ou deitado, é menos conveniente, e mais ou menos desagradável, muito nauseosa ou inquietante. Há alguns entre meus sensitivos que, desde que receberam minha instrução, viajam sempre munidos de uma bússola, e colocam suas camas, nos albergues, na direção do ponteiro.

Encontrei os altos sensitivos, em geral, incapazes de achar o repouso em uma outra posição além da direção do norte-sul.

Mas a posição da cama tem, também, uma tão grande influência sobre os sensitivos médios, mesmo sobre os fracos, que não somente o repouso durante a noite disso depende, mas, em consequência, o bem-estar geral. Sr. Delhez, mestre de língua francesa, disso é um exemplo. Um sensitivo saudável deve, portanto, observar, como regra dietética, que sua cabeça esteja sempre dirigida para o norte.

Mas um sensitivo doente deve sempre, e antes de tudo, ser colocado nesta direção; sem ela, todos os cuidados para sua cura e toda medicação são quase inúteis. Agora, posso também voltar contigo à igreja onde te deixara em minha primeira carta, perto de pessoas caídas em síncope. Na arquitetura dos templos cristãos, adotou-se por regra um velho costume pagão que é de colocar o altar do lado do oriente, de forma que a nave se encontra do lado oposto. A assembleia, nesta coordenação, é assentada de maneira que o rosto está voltado para o altar e as costas, para o oeste. Mas isto é, como o viste precisamente, a direção que um sensitivo suporta menos. Sua esquerda *od* positiva está então voltada para o pólo norte *od* positivo da Terra, e sua direita *od* negativa o está, ao mesmo tempo, para o pólo sul *od* negativo. Ele está, portanto, assentado sob a dupla influência de conjunções isônomas; o que não poderá suportar. Se isso dura um certo tempo, durante as horas de um culto inteiro, e que sua sensibilidade não seja fraca, ele será cumulado de mal-estar: terá calor, estará inquieto, terá ansiedade e será dolorosamente afetado de enxaquecas e de males de estômago; e se não pode fugir, cairá em desfalecimento. Isto se passa diariamente nas grandes igrejas e sem outra causa que a má ordenação da construção.

Pode-se ainda aplicar isso à vida diária do interior. Nenhuma cadeira, nenhum sofá, nem assento, devem ser colocados de forma que aquele que aí se assente volte as costas para o ocidente; se é um sensitivo, mesmo estando de pé, as costas voltadas para o oeste lhe será insuportável. Sr. Philippi, engenheiro-major, bom sensitivo médio e marinheiro experiente, não tinha nenhuma necessidade da bússola a bordo para se orientar em todo o tempo.

Ele se voltava simplesmente de pé sobre si mesmo, e sentia de imediato, distintamente, onde se encontrava o oeste e o norte. Todo marinheiro sensitivo aprenderá isso logo, e encontrará o pólo segundo a mesma lei pela qual o descobridor de fontes sente escoar a água sob si. Essas coisas entram tão longe na vida comum que elas decidem a posição de um móvel, de uma máquina, de um piano. Uma dama sensitiva tocava frequentemente o piano em minha casa; mas não se encontrava jamais à vontade: ela não sabia a que atribuir que, sentada diante de meu instrumento, que, aliás, era bom, ela fosse, a cada vez, tomada de mal-estar. Após algumas reflexões, não deixei de encontrar logo a causa disso. As cordas do instrumento estavam no meridiano, e a dama se encontrava sentada com as costas para o sul. Ela estava, portanto, sentada diante de pólos *od* positivos, de tantos longos ímãs quanto havia de cordas estendidas sobre a tábua de harmonia. Era-lhe impossível suportar esta posição: se ela tivesse persistido mais longo tempo, teria caído em desfalecimento. Eu girei o piano, a fim de que essa dama estivesse sentada em seu norte e diante de todos os pólos norte das cordas; no momento mesmo, tudo foi bem; ela tocou com bem-estar e com alegria esse instrumento. Um piano de cauda não deve, portanto, jamais ser colocado de forma que o tocador esteja sentado diante de seu sul ou seu oeste, nenhum sensitivo assim se encontrará bem. Conheço um homem, que estava bem em sua casa, tecelão diligente e bastante sensitivo; ele mudou de alojamento; desde então, seu tear não lhe aprazia mais. Ele não ficava mais sobre seu assento diante desse tear; foi ao cabaré, à cervejaria, negligenciou seu trabalho e se arruinou. O tear estava colocado na direção do norte em sua antiga morada, e na nova, suas costas se encontravam na do oeste, quando estava no trabalho; o que ele não pôde suportar. Ele não pôde resistir à dor ódica da qual não conhecia a causa, o que causou a ruína deste bravo homem. Milhares de homens, que estão no caso de ganhar sua vida estando sentados, trabalhadores manuais, costureiros, escritores, empregados, artistas, e os pintores, particularmente, que deixam chegar a luz pelo norte e são obrigados a se sentarem com as costas para o oeste, perderam por esta razão o gosto do trabalho, e se tornaram as vítimas inocentes da ignorância que tem reinado até aqui sobre estas relações físicas.

16ª CARTA.

Velocidade condutora. - Irradiação. - O alcance ódico. – Atmosfera ódica. - Odoscópio. - Etimologia da palavra OD.

Tu conheces a condutibilidade do OD através dos corpos, mas não conheces a velocidade com a qual ela se realiza. A da eletricidade é, no saber de todo o mundo, extremamente grande; em contrapartida, a do calórico é muito lenta. O OD fica numa espécie de meio.

Eu estendi um fio de ferro de 33 centímetros e coloquei, sucessivamente, em sua extremidade, diferentes fontes ódicas, saindo, seja das mãos, de cristais, de ímãs etc. Uma pessoa, alta sensitiva, sentiu a chegada da ação, partindo da outra extremidade do fio, à sua mão, na maioria das vezes, após cerca de meio minuto. Podes concluir daí: que o OD avançou bastante lentamente no fio, e que um homem seria capaz de segui-lo no curso.

Viste que a transmissibilidade e a condutibilidade se efetuavam sem toque efetivo da fonte ódica, isto é, por simples aproximação. Isso teve lugar por absorção das emanações luminosas dos portadores de OD, ou por irradiação? Não o sabemos ainda. O OD se difunde, ou não, em forma de raios, geralmente? Nós não estamos ainda plenamente edificados sobre isso, pela consequência de que o OD vem com os raios do sol, que ele pode ser polarizado por folhas de vidro. Pois o OD dessas proveniências poderia ainda ser o produto da queda dos raios luminosos sobre os receptáculos sólidos. Mas põe-te na frente de um sensitivo, e faze um passe com as duas mãos, à distância do comprimento de meio braço. Ele o sentirá muito bem, como se um sopro fresco escoasse sobre ele. Recua de um passo e repete o passe, ele sentirá ainda o frescor, entretanto, um pouco mais fracamente. Recua de dois, três, quatro passos, teu sensitivo sentirá sempre distintamente teus passes, mas com uma força descendente; ele os sentirá ainda quando te distanciares de todo o comprimento da câmara. Distancia-te de novo, gradualmente, para longe dele, através da câmara adjacente, a influência se tornará fraca, mas será ainda sensível. Em uma pessoa sensitiva média, poderás te retirar, desse modo, a uma distância de treze a dezenove metros, até que a sensação de teu passe se torne incerta e nula. Um passe de baixo para cima é sentido de um pouco mais longe que o de cima para baixo. Mas eu tive altos sensitivos em quem, a influência de minhas mãos estando a uma distância de quarenta e nove metros (que, por falta de lugar, eu não podia ultrapassar, toda a fila das minhas câmaras sendo empregada), a sensação não estava ainda esgotada. Eles sentiram também, a uma igual distância, e instantaneamente, os pólos de cristais e de fortes imãs desde que eu os dirigia a eles. Concluirás daí: que uma irradiação extremamente extensa pertence ao dinâmide ódico, cujos limites tocam talvez o infinito, como as da luz. Como consequência disso, arrastamos conosco, em nossos dedos, nos dedos de nossos pés, em nossos membros, imensas caudas de invisíveis irradiações, que, como existências substanciais, são ainda rodeadas de uma atmosfera luminosa que nos rodeia e marcha conosco. Muito frequentemente eu ouvi dizer, na câmara escura, que minha cabeça estava rodeada de uma auréola irradiante, que eu me encontrava cingido de uma auréola de santo. E falta pouco para que o mito desta aparição venha em linha direta do Oriente, onde, há milhares de anos, já se o via luminoso, como se o vê aqui hoje.

Esta atmosfera ódica que cada um tem em torno de si, que emana de cada indivíduo vivo, não é sempre totalmente semelhante; ela difere um pouco em cada um, quase da mesma maneira que as influências do gosto e do olfato, como a luz nas cores, o som na gama; ela é um pouco diferente na mulher e no homem, do jovem ao velho, do sanguíneo ao colérico, no homem são e no doente; ela difere também entre os doentes, no catarro e na escarlatina, no tifo com seu *calor mordax* etc. E todas essas diferenças são bem reconhecidas e exatamente percebidas pelos altos sensitivos e, frequentemente, pelos sensitivos médios. Encontrarás aqui os primeiros indícios sobre a possibilidade com que os doentes, num estado de sensibilidade extrema, reconhecem a aproximação do médico, quando as pessoas saudáveis não podem ainda disso ter conhecimento; e como tu sentes uma também invencível repulsão contra várias pessoas ao primeiro encontro, ou como tens uma predileção sem motivo por outras; o porquê de os animais carnívoros, como os cães, sentirem o traço numa folha sobre a qual sua presa pôs o pé ao fugir, e outras coisas semelhantes, que só parecem maravilhosas na medida em que não se conhecem os fios físicos pelos quais elas estão em relação com o mundo material segundo a lei e a maneira mais simples; mas eu ultrapassaria o limite que tracei a estas cartas se quisesse entrar na exposição das relações ódicas de uma ordem mais elevada, despeço-me, portanto, de ti.

Conheces agora a aparição deste que chamei OD segundo estas configurações exteriores. É um dinâmide que é análogo e que se assemelha de perto àqueles que a ciência já conhece. Ele abarca um grupo particular de objetos que não podem ser pesados, mas que são acidentes na natureza, perceptíveis pelos sentidos; para os quais nós não temos, até aqui, nem medidas, nem reativos outros que os nervos humanos, que também dependem, por sua vez, das circunstâncias particulares da irritabilidade dos sensitivos. A razão por que isso escapou até aqui totalmente à apreciação da ciência é que isso foi repelido por ela com encarniçamento, e porque não havia ODOSCÓPIO geral nem um ODÔMETRO que pudessem ser de um uso geral, e pelos quais a existência do OD saltaria aos olhos de todo o mundo, é então onde ele poderia ser facilmente provado. A causa por que não se pôde inventar ainda um odoscópio ressalta da natureza do OD mesma, isto é, do poder que ele possui de penetrar todas as substâncias e todos os espaços; de não se acumular em nenhuma parte e de jamais se deixar condensar ao ponto de uma perceptibilidade geral. Há, até um certo ponto, isoladores para o calórico, a eletricidade e a luz, eu não pude ainda ter sucesso em encontrar um para o OD. Acredito dever me servir da falta de toda coercibilidade para lhe formar um nome próprio a várias ficções científicas. VÂ, em sânscrito, significa soprar; em latim, VADO; na velha língua do norte, VADA quer dizer: ando depressa, corro, escoo rapidamente; daí WODAN significa, na antiga língua germânica, a ideia de uma coisa que penetra o todo. A palavra se transforma, nos diferentes velhos idiomas, em WUODAN, ODAN, ODIN, onde ela significa a força que penetra tudo, e que, em último lugar, foi personificada em uma divindade germânica.

OD é, assim, o signo vocal para um dinâmide que penetra e jorra rapidamente em tudo e em toda a natureza com uma força incessante.

Se a natureza nos tivesse outorgado um sentido para o OD, tão claro e tão distinto quanto para a luz e o som, nós estaríamos em um grau muito mais elevado sobre a escala da ciência; distinguiríamos mais depressa e com mais certeza, e, sem comparação, mais facilmente a verdade e a ilusão, pelo intermédio dessa penetrabilidade geral. Poderíamos, como se tem costume de dizer, vermo-nos no coração uns dos outros. Talleyrand não poderia mais abusar da palavra para disfarçar seu pensamento, e, por meio deste, nós nos tornaríamos seguidamente seres de uma natureza mais nobre e mais elevada. Pode-se fazer ver facilmente que, dotados de um sentido ódico, nós deveríamos ser uma espécie de anjos, e que, se essa propriedade nos tivesse sido concedida, ela nos teria elevado incontinente a um grau superior de moralidade em estendendo nossas faculdades intelectuais.

A oni-sabedoria divina, que não queria senão homens sujeitos a se extraviar, deveu nos recusar o que nos teria posto na classe dos semideuses.

FIM DAS CARTAS ÓDICAS.

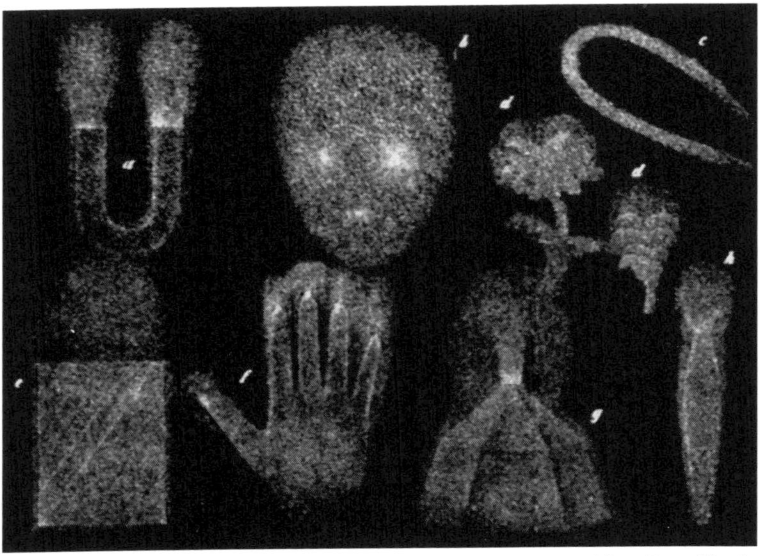

Força ódica, conforme vista por Sr. Anschutz, um artista sensitivo. Extraído da obra *Pesquisas físico-fisológicas sobre a dinâmica do magnetismo em relação com a força vital*, de Reichenbach, 1851. Na figura, estão representadas, em preto e branco, as emissões ódicas de ímãs (*a, c*), cabeça e mão humanas (*b, f*) e plantas (*d, g, h*), percebidas sensitivamente na completa obscuridade. (Figura e notas acrescentadas pelo tradutor.)

Louis Alphonse Cahagnet
(1809-1885)

Observações
Metafísicas, médicas e espiritualistas

sobre as cartas precitadas.

[por L. A. Cahagnet]

PARTE METAFÍSICA

Acabamos de apresentar ao leitor as sábias pesquisas, apreciações e deduções de um homem tão consciencioso quanto erudito. Senhor Reichenbach aparece como um meteoro, em nossos dias de trevas, no meio de nossas diversas escolas, não abordando uma de preferência, mas todas, com uma liberdade de independência que desejaríamos encontrar em todos os estudantes, *as leis do universo*

Este senhor dá o nome de OD a um fluido, uma substância que, até então, como se pôde lê-lo em nosso quinto número da *Enciclopédia Magnético-Espiritualista*, artigo *Astronomia* etc., sempre foi reconhecido existir, e definido sob os nomes de *Espírito Divino, Universal, Éter, Fluido de vida, Elétrico* etc. Os físicos o têm especialmente denominado *magnético*, fluido *ambiente*.... de quem, de quê? Ninguém no-lo disse até este dia. Nós mesmos tentamos descrevê-lo, em nosso *Santuário do Espiritualismo*, como uma *modificação de uma substância única* (segundo nós) *que é a luz Divina, o sopro do Eterno!*... Substância cuja objetividade parece modificada, bem entendido, pelos grupos que ela forma, anima e vivifica. Os magnetistas denominam esta substância no homem *fluido nervoso, fluido magnético*. Os filósofos a denominam *fluido corpuscular*. Pouco nos importa o nome, é a coisa que nos é preciso estudar, uma vez que senhor Reichenbach para isso nos oferece os meios. Este cientista parece ter chegado não a dela conhecer as leis, mas a provar a objetividade de sua existência. Então, nada mais de dúvida para os cientistas, a *alma substancial* do mundo é tornada sensível ao olho nu do homem, e não pode ser negada hoje, se as experiências deste senhor foram feitas, despojadas de todo entusiasmo e de erros: o que nós pensamos.

O homem, tendo chegado a ver essa substância fluídica, não pode mais duvidar da existência das individualidades corpusculares de que ela é composta... A *alma, o espírito e o corpo* de todas as coisas se explicam e se compreendem agora por esta preciosa descoberta demonstrativa... Este famoso fluido magnético-nervoso, tão gabado por nossos lúcidos, e tão negado por nossos adversários, acaba de ser legitimado pela ciência oficial, agradecemos, por isso, de nossa parte, ao senhor Reichenbach... São as leis, ou afinidades deste fluido, que nos restam a estudar. Onde estão os meios para isso?

Quem pode dele entrever as primeiras noções?... Se o mundo científico levou cinco mil, oitocentos e cinquenta e dois anos para pressentir somente a existência de um tal fluido, e não chegou após esse longo lapso de tempo senão à simples proposição de lhe dar direito de existência, quanto levará para desemaranhar algumas das proposições seguintes?...

1° Se, segundo o autor precitado, uma barra de ferro, posta simplesmente sobre o canto de uma mesa, emana das duas extremidades uma chama fosforescente e permanente, em duas direções inversas, produzindo uma luz bastante intensa para ser comparada à luz material, luz produzindo cores diferentes, nós perguntaremos se é essa barra de ferro que contém este fluido luminoso e colorido, ou se não é ela simplesmente atravessada por ele?

No primeiro caso, essa chama seria uma contínua disjunção dos agregados que constituem a barra de ferro. O que provaria matematicamente que todos os corpos são apenas um composto de luz, como nós o adiantamos em nosso *Santuário*[19], e como o pensa senhor Reichenbach.

2° Se, ao contrário, esta barra de ferro é, segundo os físicos, simplesmente atravessada por este fluido universal; resta-nos saber se este fluido é modificado, em sua passagem, pelos poros mesmos da barra de ferro, ou se ele sai dela tal como entrou? No primeiro caso, nós teríamos a chave das diferentes propriedades *modificadoras* atribuídas pelos químicos e pelos magnetizadores a todas as formas da natureza,

[19] Ver, igualmente, página 80 de nosso *Magia Magnética*.

e ao homem em particular... Poderíamos compreender como tal fluido pode ser são ou malsão; mas como, para ser assim modificado, é preciso que este fluido se agregue de moléculas nos meios atravessados por ele, meios que não seriam da sua natureza, meios que, modificando-o, seriam igualmente *modificados por ele*, disso decorreria, pouco a pouco, uma mudança nos princípios constituintes de todas as coisas... Se esses meios cedem, assim, seu princípio constitutivo, cada coisa se torna forçosamente o que não era... Aonde chegamos com uma tal conclusão? A uma transmutação permanente que promete ao progresso, ou ao nada!... Pois, que os meios maus se levem sobre os bons, o nada é o resultado, e *vice-versa*.

Se, no caso contrário, este fluido sai dos tubos porosos de todas as formas, tal como entra, não os modificando, nem sendo por eles modificado: torna-se para eles inútil; pois quem não dá e não recebe nada é o próprio *nada* de todas as coisas, objetar-se-á... Responderei, como o fiz no parágrafo 12, que, sem admitir uma corrente heterogênea à esfera do objeto, pode ser explicado como este fluido pode atravessar os grupos, não lhes trazendo nem levando nada, mas lhes imprimindo seu próprio movimento. (Ver o parágrafo precitado.)

3° Se se diz: ele entretém a vida destas formas, nós perguntaremos se é em se assimilando a estas formas por agregados, ou por sensações? Os agregados nos são conhecidos e nós os estudamos: mas as sensações! O que é sentir? Que sentir, se não é a passagem dos corpúsculos precitados, passagem que deve ser um *vai* e *vem* ou um deslocamento definitivo destes corpúsculos? Se admitimos o deslocamento definitivo, nós lhes substituímos por outros corpúsculos, que parecem bem ser estas correntes heterogêneas ao ser; neste último caso, nós destruímos, de novo, a estável coletividade dos corpúsculos que compõem as formas. Explicamos o movimento de *vai* e *vem*, parágrafo 12.

4° Se o fluido ódico sai das flores, como o assegura Sr. Reichenbach, oferecendo ao olho as nuanças mais detalhadas de suas cores, nós perguntaremos aos físicos se essas flores colorem este fluido, ou se é este último que colore as flores?... Estas duas proposições nos conduzem a admitir que haveria modificação de um lado ou do outro?... Que um toma do outro o que ele possui, ou o que o constitui?... Isso nos faria recair, sem o querer, em nossa segunda proposição, que apresenta duas impossibilidades perante a imortalidade e a inalterabilidade de toda coisa... Nós trememos de pensar que haveria transfusão do que quer que seja nos princípios constituintes das formas; transfusão que conduz ao aniquilamento do eu, e a dizer que a individualidade não seria senão uma palavra vazia de sentido.

Nós somos, portanto, ainda da opinião de Sr. Reichenbach, ao dizer que *este fluido é a essência e a vida mesma das coisas nelas, e não fora delas*! O que vós concluireis, sábios químicos?

5° Se, ao contrário, vós dizeis: o homem é, assim, atravessado pelo OD de Sr. Reichenbach, a ponto de representar aos olhos do sensitivo uma forma fosforescente que projeta, sem cessar, como todas as formas citadas por ele, este fluido que sai por todos os poros de seu ser, pode-se vos colocar a respeito dele as mesmas questões que acabamos de apresentar, questões que oferecem as mesmas dificuldades de apreciação.

6° Se, segundo este cientista, este fluido produz sensações de *quente* e de *frio*, nós vos perguntamos, ainda, se ele é um e outro por si mesmo, ou se ele faz apenas determinar estas sensações, que seriam então inerentes ao ser, como parece o admitir o autor? No primeiro caso, não seria mais um OD universal, mas dois OD diferentes; e, no segundo caso, ele seria um duplo excitante de sensações inversas. Seria admitir a dualidade na unidade; vós preferirieis que sejam dois, pois o um não pode fornecer dois, segundo vós.

7° Se vós nos dizeis que este fluido é o mensageiro, o portador, o *acarretador*, dos átomos necessários ao desenvolvimento de cada forma, fazeis dele então um mar universal, indivisível ou divisível: indivisível, sendo um só eu, uma só manifestação; ou divisível, sendo a vida nos corpúsculos que a compõem. O primeiro caso nos parece inadmissível, o segundo não parece menos, pois ele representaria uma criação por fora da que nos é conhecida, que tem o encargo de mover mecanicamente esta última; seria conceder, a um corpúsculo OD, mover um corpúsculo anti-od; mas recairíamos na vida corpuscular, tão palpável e tão mal apreciada por vós em nossos dias.

8° Se vós replicais que este fluido tem o poder somente de entreter as sensações do ser, nós vos perguntaremos se ele procede neste trabalho em simples unidade, ou em unidades múltiplas, visto que as sensações do ser são numerosas e muito dessemelhantes? A proposição seguinte parece afirmar esta.

9° Se, na experiência das flores e de todas as substâncias precitadas, é o OD que traz as cores que saem destas substâncias, *cores tão bem descritas pelos sensitivos*, deve-se supor este OD de 7 cores, e mesmo de 72 nuanças de cores classificadas até este dia. Deve ocorrer o mesmo para os *sons* e os *aromas*. Para onde vamos neste estudo abstrato, direis?... Responder-vos-ei: 1° que podem existir 72 nuanças de OD, assim como o número de *sons* e de *aromas* conhecidos, sem que isto seja uma complicação; ao contrário, isto deve ser uma simplificação das coisas conhecidas, fazendo entrar cada em um grupo ou em uma unidade, que nós não podemos apreciar no *tohu-bohu*[20] em que tropeçamos materialmente a cada uma de nossas observações; 2° responder-vos-ei, ademais, que nós vamos, neste estudo, para onde muitos de vós não quereis ir. Os sábios já têm demasiados fluidos conhecidos, sem desejarem admitir outros, visto que a palavra fluido se torna de uma insuficiência ridícula na boca de um cientista, se ele não *sabe* ou não *pode* analisar nem conhecer o que é um fluido, e, sobretudo, o que é o *fluido dos fluidos*?

10° Sr. Reichenbach, assegurando que tal corrente ou emanação de OD, que sai de qualquer substância, pode impunemente atravessar, *transpassar* uma emanação de OD contrária, sem

[20] Expressão de origem hebraica que significa um caos, uma desordem total, como o mundo antes da ordenação divina (cf. *Gênesis* 1,2: E a terra era *tohu va-bohu*, "informe e vazia"). (N. T.)

perder nada de sua inalterabilidade, prova-nos que cada manifestação de OD é conservadora de si mesma para si mesma, sem concorrer de outro modo para a conservação geral senão pela solidariedade de sua *contiguidade*, da qual não se pode duvidar. Mas essa proposição nos conduz esta? – direis.

11° Um fluido qualquer, que sai de alguma coisa, vem de alguma parte para ir a outra parte: é uma espécie de fio fluídico estendido entre duas extremidades que escapam a nossos olhos?... Eu vos perguntarei, por meu turno: 1° Por que essa corrente fluídica em linha direta cessa de ser percebida a certa distância de seu ponto de partida, como no-lo assegura o cientista na experiência da barra de ferro? 2° Por que essa corrente pode ser interceptada por uma simples folha de papel, na metade de seu curso, sem que estas duas metades pareçam se reajuntar?... Isto nos conduz a pensar que é assim para a presumida corrente *sul-norte* ou *norte-sul* que vós admitis, e que a posição da agulha é apenas um efeito de orientação de sua parte para essas direções. Dá-se o mesmo com OD que compõe cada forma, é apenas uma orientação de sua parte para direções de afinidades. Isso não prova sempre uma corrente substancial ou fluídica, heterogênea a estas formas, que, por fora delas, atravessa-as à vontade; pois as correntes às quais as flores deveriam suas cores coloririam da mesma nuança toda a linha atravessada por elas... E se vós objetais que esses fios poderiam ser estendidos perpendicularmente, em vez de sê-lo horizontalmente?[21] Responderei que a ques-

[21] A proposição da página 85 parece indicá-lo. *
* Segundo a numeração da edição francesa, esta página se refere à conclusão

tão permanece a mesma, visto que o embaixo como o em cima dos objetos teriam as mesmas cores, o que não tem lugar segundo as experiências precitadas... Dar-se-ia ainda o mesmo para os *aromas*, haveria fios *aromosos* indestrutivelmente estendidos numa direção qualquer, por conseguinte, captáveis por todos os seres colocados nessas direções: o que não se dá, Sr. Reichenbach no-lo prova, visto que ele circunscreve esta emanação nos limites que são do domínio da esfera dos corpos dos quais ela sai. Esta proposição prova ainda a de nosso *Santuário do Espiritualismo* sobre este assunto.

12° Em sua 10ª carta, Sr. Reichenbach conclui que tudo o que existe a nossos olhos de objetividades materiais não é senão um composto, um agregado deste mesmo OD luminoso, o que constitui a matéria inteiramente composta de *luz*.... Esta conclusão é ainda a que nós apresentamos no *Santuário* precitado, após termos julgado esta questão *objetivamente de nossos olhos*.

Eis como acreditamos dever resumir esta preciosa descoberta demonstrativa.

O *Espírito universal*, substância de todas as formas: *od* ou *magnetismo*, existe, do qual não se pode duvidar. Ele está difundido de um pólo ao outro do universo (se o universo tem pólos); mas nós pensamos que ele é assinalado, pelo *grande Regulador* deste universo, a todos os seres; que ele *forma*, e que ele *envolve* sob forma de esfera fluídica... Esfera posta em movimento contínuo de *vai* e *vem*, das extremidades de sua

---

da experiência com F. Weidlich, na 14ª Carta, nota "A" inserida no texto. (N. T.)

circunferência a seu ponto central, pela alma do movimento geral, que é *Deus*.

Este movimento de *vai* e *vem* dos corpúsculos *luminosos* ou ódicos que compõem cada forma e cada esfera de forma é o feito, ousaremos dizer (para encontrar uma ficção apreensível), da respiração do *Eterno*. As orientações que tomam as correntes supostas são devidas à *coletiva contiguidade* das esferas em sua justaposição; coletividade que não pode sofrer nenhuma desorientação, sem com isso ressentir um estorvo mais ou menos compressivo. Tal deve ser a lei do pleno; o universo não pode oferecer o vazio.

Sei que se me objetará que o pleno não sofre, tampouco, o movimento.... Responderei: sim, um pleno de água em um pleno de água.... Mas são plenos diferentes entre si que compõem o pleno universal... São plenos comparáveis, no homem, aos *ossos* e ao *sopro* deste último... Cada um compreende que o pleno do sopro do homem possa mover o pleno de seus ossos, e dos diferentes órgãos dos quais ele mesmo está pleno!... Cada um compreenderá ainda melhor, por esta simples ficção, como o pleno típico e universal da criação *tenha podido* ou *seja* movido pelo sopro do *criador* mesmo; sopro, causa primordial e eterna de todo *movimento*, de todo *átomo*! Causa de uma absorção e de uma emissão aparentes, de onde devem dimanar *deslocamentos* e *correntes* igualmente aparentes.

Objetar-me-ão, ainda, que está provado que existem absorções positivas de corpúsculos, de forma a forma, como se nota na nutrição e na ação mesma do magnetismo, como eu admito.

Responderei que a palavra *absorção* é tomada por vários físicos como o igual de *transfusão*, ou perda do eu. Não aceito esta proposição no mecanismo da nutrição; não vejo nesta ação senão uma desagregação de formas em átomos, que retornam, cada um, ao seu estado típico individual. Átomos que, neste trabalho de disjunção, passam através de grupos de átomos semelhantes a eles, segundo a espécie de cada um, e comunicam simplesmente a estes últimos uma propulsão, uma atividade que poderia se embotar se este socorro mecânico não lhes fosse levado. Esses átomos passageiros, em certas condições, ajudam ainda estes grupos a se desembaraçarem de agregados que os obstruem e prejudicam, na harmonia do movimento geral do ser, do qual eles formam o traje.

Na ação do magnetismo humano, não vejo senão um semelhante trabalho. É uma espécie de *estocada*[22], diria eu, de átomos a átomos, com o único fim de ajudar os átomos preguiçosos a retomarem sua ação na harmonia do movimento universal... Não vejo nesses socorros, nessa *estocada*, uma transfusão de um átomo num átomo, enfim, uma sucessão nem uma perda de *eu* atômico... Vejo um átomo juntando, encorajando, reanimando um irmão emaranhado nestas sensações... Essa *estocada* me parece estar bem provada pelas experiências do cientista que estudamos, na agitação dos diferentes líquidos que ele nos cita; agitação que produz somente uma expansão momentânea da luz ódica contida em cada líquido.... Se me dizem que os fenômenos do sonambulismo e do êxtase provam

[22] *Coup d'estoc*, espetada, golpe de esgrima com o florete chamado *estocada*. (N. T.)

uma extensão imensa destas presumidas esferas fluídicas ou ódicas nas quais e das quais, acredito, cada ser é *formado* e *encerrado*.... Responderei que me mantenho a este respeito, mais do que nunca, naquilo que eu disse no *Santuário do Espiritualismo*, isto é, acredito que cada eu está encerrado em uma esfera que possui todas as objetividades necessárias à vida desse eu, como acredito o homem encerrado numa esfera *microcosmo*, onde o universo é representado em pequena escala... As objetividades vistas pelos sensitivos de Sr. Reichenbach sob forma de substância luminosa e colorida, ou OD, não são senão o envoltório ou os envoltórios de criações bem mais curiosas em seu interno do que em seu externo. Se esses sensitivos tivessem tido a vista estendida no mesmo grau que nossos extáticos, teriam descrito as mesmas proposições que contém nosso *Santuário*. Mas, então, Sr. Reichenbach não teria sido tão demonstrativo quanto o é em sua obra, e não teria feito realizar os progressos que ele fará realizar em nossos estudos.

Poder-se-á me perguntar, então, o que é a matéria? Ela existe como nós a vemos de nossos olhos em suas objetividades permanentes, sua ponderabilidade e suas extensões?... Responderei, lede, no *Magia Magnética* que publico, o artigo tendo por título: *Convulsionários*, e quando me tiverdes explicado o que é a matéria, eu o saberei.

A matéria não é, para mim, até este dia, senão um *estado*, uma *aparência* de objetividades, uma *modificação de ótica espiritual*, imposta a cada ser por aquele que *unicamente* sabe o que é a matéria.... Ao meio-dia, batendo num poste, eu vos responderei: eis a matéria!.... À meia-noite, batendo na bigorna do que chamais meus sonhos, responderei: eis a matéria.... Ao meio-dia, surpreendo-me a negar o que afirmo à meia-noite, e nesta hora, nego o que afirmo ao meio-dia.... Diante do êxtase, do *sonambulismo* e do que denominais *alucinações*, não sei mais nada, pois vossas escolas não me ensinaram nada a este respeito. Eu aguardo que o sino da aula eterna soe para reentrar sob o olho do único mestre que pode me explicar: o que é a matéria? O que é o homem? O que é o OD? Se eu mereço conhecer estas coisas...

PARTE MÉDICA

Nós viemos de tratar o lado metafísico desta questão. Vamos ensaiar tratar a médica, pois este *sensitivismo* não é uma propriedade inerente a um corpo que goza de uma perfeita harmonia de saúde; ao menos eu o penso assim pela razão toda simples de que eu próprio estou nas condições necessárias para apreciá-lo. Desde antes dos quatro anos, sou um sensitivo de primeira ou de última ordem, segundo a maneira como Sr. Reichenbach me classificaria; mas, com segurança, não me acho muito ridículo segundo o pouco de razão que me resta. Não balanço, portanto, absolutamente, em me acreditar doente de corpo, isso seja dito sem o menor socorro de minha imaginação, que conservou toda a plenitude de sua observação e lastima muito sua antiga alegria. Eu gostaria bem, como o garoto de Paris, de dar um pontapé nesse *sensitivismo*, que a ciência oficial denomina simplesmente *hipocondria*. Contei meus sofrimentos e meus pequenos vieses de espírito a excelentes médicos, físicos e filósofos, todos me trataram segundo seus meios e, em desespero de terem sucesso, disseram-me muito bravamente: Meu caro, tu és *hipocondríaco*. O que é um *hipocondríaco*? – perguntei-lhes. Responderam que é um homem que tem os hipocôndrios doentes... O que são os hipocôndrios? – continuei... Não sabemos – acrescentaram; é um nome dado a uma causa de perturbações inexplicáveis, nome que personifica órgãos que não existem (segundo o sábio doutor Sandras, *Tratado das Doenças Nervosas*). Então concluí: eu sou, segundo eu, o que eu não sou, segundo a ciência oficial. Mas como é preciso um nome a toda doença, eu aceito, de preferência ao vosso, aquele dado por Sr. Reichenbach a este gênero de sensibilidade, portanto, sou um *sensitivo*. Sim, nós sentimos o que os outros não sentem, e o sábio químico de que nos ocupamos nos vem em ajuda para explicar por que nós achamos uma jovem e bonita mulher posicionada à nossa esquerda melhor que à nossa direita; por que nós preferimos dirigir a saudação indiferente a um amigo do que o punho da mão fraterna; por que certos contatos, vista, odor, audição de sons e atos nos fazem sofrer horrivelmente. Até o presente, por mais magnetista que eu seja, não ousara explicar este fenômeno da mesma maneira que Sr. Reichenbach, embora eu tenha pressentido as mesmas causas; mas não as estudara como ele e careço de autoridade para emitir minha opinião. Minhas manias me pareciam tão bestas e tão contrárias a toda lógica que eu coraria ainda, se tivesse o senso de fazê-lo: mas um sensitivo não sabe nada fazer como um outro, ele diz "eu sofro", eis sua queixa e a única razão que pode dar de seus vieses de espírito. Perguntar-nos-ão, sem dúvida, qual é esse sofrimento, onde está sua sede, quais são suas manifestações?... É-nos muito fácil dar alguns desses detalhes, sobretudo, no que nos concerne, ei-los... Quando um dos contatos precitados vem a aflorar a atmosfera que nos rodeia, sentimos um calor elétrico, que parece partir da virilha esquerda, depois, subir para o flanco do mesmo lado, denominado hipocôndrio, estender-se em forma de cinto em torno dos rins, aí produzindo um calor comparável ao da aplicação de uma compressa de óleo fervente. Esse calor ganha logo o orifício do estômago, que se convulsa à sua aproximação operando um movimento de pressão sobre a circulação sanguínea do coração: segue-se a isso uma contração, nervosa e calorosa ao mesmo tempo, sob o peito esquerdo, sensação que faz procurar um assento o quanto antes para se pôr nobremente, a fim de não cair sobre que está em sua frente, como uma pequena baronesa em síncope. O olho permanece bom, porque nos lembramos de que somos homens; mas o espírito desejaria ver sua vestimenta pendurada em melhor mostruário. Se essas sensações são devidas diretamente ao toque de alguma coisa que vos é antipática, a parte do corpo que foi assim tocada sente se manifestar nela um formigamento *rígido* e *frio* que ganha as partes vizinhas, depois entra assaz profundamente nas carnes para crer numa dormência *gelada* na própria medula. Estando em companhia, permanece-se nessa triste posição até que vos seja facilitado dela sair; se são vossas mãos que tocaram esse objeto *alucinante*, senti-vos os mais felizes do mundo quando encontrais um vaso de água no qual depositais essa *mácula*, que vem não se sabe de onde. Eis os doces gozos de um *sensitivo* doente... Não é farsa? – dizem os troçadores. Diremos o contrário, interessados que somos nesta questão. É triste para a ciência não poder apreciar nem curar uma tal perturbação, e é penoso para o homem que goza de todas as suas faculdades intelectuais não possuir a de ser menos aparvalhado em companhia. Quantas vezes fiz a oferenda de um de meus membros ao santo mais renomado do calendário cristão ou pagão para me retirar esse *sensitivismo*, que me força a sofrer as dores dos outros, e faz de minhas sensações uma espécie de coletividade universal! Eu queria poder *saber* e ser *sensível* sem pagar tão caro a aquisição destas coisas, das quais se diz que este estado é a consequência.

Acreditei, entretanto, ser mais feliz que muitos outros, pois eu ria com meus amigos dos tormentos de meu corpo, visto que o espírito permanecera livre: mas quantos estudos fiz sobre esta questão para disso conhecer a *lei*; médicos, físicos e filósofos não me ensinaram nada sobre este assunto. Minha lúcida Adele me disse *uma só vez*, num estado de clarividência muito elevado, o que havia de mais admissível para um lógico que não se contenta com frases ressonantes e *ocas no fundo*; por isso, eu relatei esta seção no *Tratamento das Doenças* etc. Não espero melhor definição no que concerne às combinações materiais da vida do corpo, sobretudo, quando este último não apresenta nenhuma lesão apreciável ao olho do médico. Mas na generalidade dos casos, esse *sensitivismo* é, segundo eu, uma privação de harmonia na circulação dos líquidos ou fluidos que atravessam nossos órgãos. Esse defeito de harmonia gera (por privação ou abundância de eletricidade vital, ou *od*), uma circulação preguiçosa ou caprichosa, demasiado calma ou demasiado viva, que enterra o universo de nossas afeições em sua apatia, ou que queima essas afeições em seus ímpetos fogosos. Por conseguinte, no ser, o propulsor da eletricidade vital ou OD sendo a bile, segundo o estado deste licor se encontra o estado do ser inteiro. Agi vós *moderadamente* sobre este líquido tão precioso e tão contrário à existência material, expulsai-o ou moderai-lhe o ardor por purgativos **doces** e bebidas amargas; depois, estudai Sr. Reichenbach, suas proposições abordam a parte espiritual de vosso indivíduo; combatei a parte material por remédios apropriados.

De acordo com as demonstrações deste cientista, a orientação das camas ou bancadas dos sensitivos deve ser no sentido dos pólos que ele reconheceu no homem; nós admitimos tanto mais esta proposição para os sensitivos doentes, quanto ela traz consigo sua demonstração sem ter recurso na experiência; com efeito, há na esfera que rodeia nosso globo um *Sul* e um *Norte*, afirma a bússola. Se *correntes*, segundo os físicos, e *orientações*, segundo eu, existem entre esses dois pontos do globo, devem existir outras delas para os outros pontos. Isso parece indubitável. Diremos, portanto, que estas *orientações* são alguma coisa de contíguo, de sólido mesmo, uma vez que elas dirigem a agulha imantada. Se isso é assim, isso é por uma razão que nos escapa, e esta razão é bastante poderosa para ser *eterna* e *indissolúvel*. Esta razão é, portanto, uma FORÇA, um PODER, uma UTILIDADE, dirigindo-se a alguma coisa. Tudo o que lhe faz obstáculo recebe dela a mesma soma de perturbação que lhe causa... O que pode ser esta perturbação?... Uma compressão, um não-movimento do que não pode e não deve ser detido nem comprimido... Se eu apresento o flanco da agulha imantada para o norte, não obtenho nenhum resultado físico; isso nem é preciso dizer. Por quê?... Porque eu apresento poros não dispostos a esta orientação, em vez de lhes apresentar tubos cuja justaposição ofereça facilidades a esta mesma orientação... O que se passa para a agulha imantada pode muito bem se passar nos corpos organizados de todos os reinos, e principalmente no homem, que contém, diz-se, a quintessência desses reinos... Por que o homem, que se assemelha tão bem, pela forma, à agulha da bússola, não teria as mesmas propriedades que esta última?... Por que os tubos musculares nervosos e ósseos de seu traje de carne não exigiriam esta orientação?... Por que a esfera ódica, que, segundo nós, rodeia cada forma, não teria analogia com esta forma, sendo redonda em uns, oval ou quadrada em outros, e acidentada de mil maneiras em todos, por conseguinte, tendo necessidade de obter a posição imposta pela harmonia universal a cada espécie de forma. Se as observações de Sr. Reichenbach são exatas, suas proposições sobre este assunto são irrecusáveis. Contrariar estas correntes ou orientações em suas afinidades é contrariar as dos corpúsculos materiais do corpo humano que eles compõem; é romper a relação que deve existir entre eles; é opor voluntariamente ou involuntariamente um obstáculo à ação desta orientação... Se esta saída, por todos os tubos do ser, de uma certa emanação fluídica ou ódica está provada *a priori*, está igualmente provado que este fluido sai impelido para fora de seus reservatórios ou seus condutores por uma força que não demanda resistência... Se esta saída tem lugar em condições idênticas de direções, as direções procuram, portanto, as orientações, e a proposição de Sr. Reichenbach nos parece aplicável a um grande número de perturbações humanas sem causas conhecidas, perturbações que poderiam bem encontrá-las nas proposições deste cientista. Estamos tanto mais prontos a admitir este gênero inofensivo de medicação quanto, desde que dela tivemos conhecimento, já fizemos algumas notas que nos engajam a usá-la.

Que aqueles que amam o estudo despojado de toda ideia preconcebida não rejeitem o que acabam de ler, e que os magnetistas estudiosos captem todo o alcance desta preciosa descoberta. Nós poderemos acrescentar, como testemunho anterior a esta proposição, aquela do sábio mineralogista (especialmente) e sábio em todas as ciências, Emmanuel Swedenborg. Em suas revelações terreno-celestes, ele assegura que os anjos e espíritos do bem estão continuamente com a face voltada para do sol, emblema de Deus, diz ele, e que os espíritos do mal estão voltados para a direção oposta. Esta proposição toda espiritualista não será levada em consideração, eu o sei, por aqueles que não acreditam em uma vida futura; mas, estudada somente a título de informação para todos, ela vem certificar aquela de Sr. Reichenbach, ela é, ademais, uma informação para os magnetistas espiritualistas, provando-lhes que a direita dos lúcidos, onde estes últimos asseguram ver esses mesmos espíritos do bem, acontece de ser a esquerda de Deus, por conseguinte, o lado representativo do coração, foco de todo amor. Não querendo intercambiar a ordem de minhas observações, passo às apreciações espiritualistas.

PARTE ESPIRITUALISTA.

Ressalta um terceiro tipo de estudo, das numerosas demonstrações de Sr. Reichenbach; mas este estudo é o mais negligenciado e será menos levado em consideração pelos homens do dia. Por quê? Porque, se o assunto é obscuro, o lugar de estudo que nos apresenta este cientista não o é menos. Com efeito, andar entre os túmulos, tão frescos ou tão antigos quanto sejam, tão ricos ou tão modestos quanto se ofereçam a nossos olhos, a fim de aí pesquisar estas emanações corpusculares de que nos fala o autor, emanações que parecem subir lentamente a outras esferas, ou repousar sobre a nossa para voltar a descer e se agrupar de novo nos seio de nossas filhas, é um estudo que não vale o da marcha dos globos (se os globos marcham), do progresso das ciências físicas, sociais e políticas (se estas ciências progridem), ou das boas maneiras com as quais os cientistas debitam seu saber a boas pessoas, – que não sabem, após esta audiência, o que o professor não soube lhes ensinar, – há, nestas coisas, frases a imprimir, discursos a pronunciar, honras a receber; tudo isso tenta os amadores o bastante para não se ocuparem com aqueles que não conhecem mais estas futilidades e desejariam nos ver partilhar sua sabedoria. Ah! Todo esse barulho e essas honras terrestres não são senão estados fugidios nos quais as individualidades morrem e nascem, sem saberem de onde essas coisas provêm e para onde elas vão; se elas têm uma causa precedente e uma causa ulterior; se esse deslocamento de pensamentos e de ações no homem não representa exatamente o dos corpúsculos ódicos da *vida* e do *túmulo*.

Ver, com Sr. Reichenbach, estes corpúsculos errarem ao grado da brisa, sobre esse mármore frio, é ver alguma coisa, diremos; mas não é conhecer nada. O que são estes corpúsculos, de onde eles saem, quem os anima e para onde eles vão? – perguntaremos nós... Se estes corpúsculos são eles mesmos o *od* precitado, eles são, portanto, tudo o que é CONHECIDO, de mais DESCONHECIDO e de mais novo para hoje. Se há anos que eles repousam em paz sob esse mármore, e lhes apraz neste dia folgazar nos céus, eles são, portanto, alguma coisa de *vivo* e de *pensante*. Se eles vivem e pensam, e eles são a única substância do corpo que *moveram* outrora, corpo presumido morto hoje, nós diremos: esse corpo não está, portanto, morto, mas bem *estendido*, *dilatado*, *dividido* em corpúsculos que parecem não se separar, e se reajuntar todos em lugares desconhecidos, para aí construírem uma nova vestimenta à alma que habitava o anterior.

Aonde chegaremos, num sentido como noutro, com esta dupla proposição?... Estes corpúsculos se agitam, e o fazem em um objetivo de rearmonia do qual não se pode duvidar... Dizer que é para recompor um corpo novo no seio de uma mulher material, ou dizer que é para formar um espiritual alhures; é sempre dizer que estes corpúsculos reformam um corpo qualquer com conhecimento de causa, o que dá uma forte ideia da imortalidade destes corpúsculos!...[23] Ah! Admitir, após provas recebidas, que um corpúsculo não pode morrer, e dizer, com a mesma soma de prova, que a alma, esse eu humano, esse *corpúsculo divino*, só está sujeito à morte! Não é dizer o que há de mais ridículo no mundo? Entretanto, é o que se diz com o mais de saber-viver possível! Que digo eu? – com o mais de saber-morrer possível!... Nós não tememos afirmar, por nosso turno, que Sr. Reichenbach chega a provar a exatidão de suas proposições; ele terá feito mais, por si só, em favor da imortalidade do que todas as demonstrações morais, religiosas e filosóficas. Ele terá provado a existência de um mundo anterior e futuro, do qual e para o qual ninguém quer sair nem ir... Sr. Reichenbach terá ganhado o objetivo que invejamos atingir há tantos anos, que é de demonstrar aos homens que eles são mais que um pouco de barro e de tolices! Ele lhes terá demonstrado estas coisas rindo, diante de suas emanações tumulares. E nós, com toda a nossa seriedade, nos *Arcanos da vida futura desvelados*, nossas apa-

[23] Aqui, A. Cahagnet, na sua visão espiritualista, utilizando o termo *corpúsculo* com a significação de *fluido* ou ser sutil composto e de pequena densidade, parece entrever algo conceitual e funcionalmente parecido com aquilo que, quatro anos depois, em 1857, viria a ser chamado de *perispírito*, descrito na primeira edição de *O Livro dos Espíritos*, de Allan Kardec. Gabriel Delanne, em *A Evolução Anímica* (1895), cap. 3, associa, após algumas considerações, a "luz ódica de Reichenbach", entre outros fluidos descritos por diversos autores, ao chamado perispírito. (N. T.)

rições, nossas conversações com os decessos e nossas mil e uma provas metafísicas *irrefutáveis*, teremos passado por um cérebro avariado, um febrento hipocôndrio, um louco apaixonado pelos ciprestes e os crânios vazios!... Oh! Humanidade despreocupada e orgulhosa de tua ignorância, tu não estás destinada a perecer no trilho no qual te precipitaram filósofos *necessitados*, que, envergonhados de suas obras, desejaram cobri-las com o manto mudo do túmulo!... Não, isso não é assim, cada um de nós vive eternamente, encerrado em seus crimes e suas virtudes. Essas ações estão bem preciosamente seladas no seio destes corpúsculos que saem desse cadáver cru privado de vida! É um haver do qual ninguém pode se desapossar na outra vida que segue esta. Mundo onde a *luz ódica espiritual* sabe muito bem mostrar aos olhos de todos o que cada um desejaria poder esconder a todos os olhos; nossos sonâmbulos magnéticos são disso as testemunhas irrefutáveis. Adeus, então, à palavra egoísta e mentirosa, *será preciso pensar em voz alta* nesses lugares; ouvi, grandes e pequenos deste globo: pensar seus *crimes* e suas *virtudes* em voz alta!... É, então, lá onde aquele que tiver a maior responsabilidade de almas aqui embaixo terá mais contas a prestar, *perdões* a pedir ou *bênçãos* a receber antes de reentrar no seio daquele que é A *equidade* mesma.

Ainda uma vez, obrigado, senhor Reichenbach, por tuas revelações ódicas do túmulo; assegura-te de que estas *imagens*, estas *sombras*, estes *fantasmas* aéreos dos quais tu falas darão a volta em nosso globo, e o abarcarão em seu vasto manto imortal, a fim de protegê-lo contra as tempestades *escarnecedoras* de nossos *grossos*, *grandes* e *volumosos* materialistas do dia.

Alp. Cabagnet.

CARTAS ÓDICAS-MAGNÉTICAS
foi confeccionado em impressão digital, em dezembro de 2021
CONHECIMENTO EDITORIAL LTDA
(19) 3451-5440 — conhecimento@edconhecimento.com.br
Impresso em Luxcream 80g – StoraEnso